절대수익 전략
공모주 투자 사용설명서

절대수익 전략

공모주 투자

사용설명서

이재준 지음

□

□

□

□

□

원앤원북스

ılıl
추천사

　최근 많은 투자자가 전 가족을 동원할 정도로 증권투자 계좌를 개
설하고 있다. 그만큼 투자자들의 폭발적인 관심으로 기업공개 공모주
시장은 뜨겁다. 이처럼 유례없는 관심은 공모가가 유통시장에서의 초
기 시장가격에 비해 저평가된다는 일방적인 믿음에 기초하고 있다고
파악된다.

　이때 문제점이 있다. 많은 투자자가 기업공개에 대한 적절한 지식
없이 공모주 청약을 한다는 것이다. 이는 투자자들이 이해하기 쉬운
기업공개와 공모주에 대한 적절한 참고자료가 부재해서 그런 것이라
생각한다. 따라서 기업공개와 공모주에 관한 내용을 담고 있는 이 책
의 출간이 시의적절하다고 보인다.

이 책은 투자자들이 쉽게 이해할 수 있는 구성과 친절한 설명이 장점이다. 특히 최근의 공모주 사례를 통해 투자자들의 이해를 도우려 한 저자의 시도가 돋보인다.

— 김도성, 서강대학교 경영학과 교수

코로나19 상황으로 유동성 공급이 되면서, 2020년 하반기부터 2021년까지 개인투자자들도 공모주 투자 시장에 가세했다. 사상 최대 규모였던 IPO 시장의 열기가 2022년 초 LG에너지솔루션의 상장 이후 진정세이지만, 여전히 공모주에 대한 시장의 관심은 이어지고 있다. 새내기 주들이 공모가 대비 높은 수익률을 거두는 사례가 나타났기 때문이다.

공모주 투자에 대한 관심과 갈증에 따라, 이를 잘 반영한 공모주 관련 도서가 출간되었다. 이 책은 개인투자자를 위한 맞춤형 도서이다. 공모주 시황부터 공모의 근간이 되는 기업의 상장 절차, 공모주 투자 전략 및 사례 등 공모주 투자 시 필요한 주제를 다루었다. 특히 '3부 공모주 투자 시 절대수익 전략'은 주식 투자가 낯선 초보자들에게 매우 유용한 전략이 될 것이다. 공모주 투자에 임할 투자자라면 이 책을 읽기를 바란다. 『절대수익 전략 공모주 투자 사용설명서』는 공모주 투자의 지침서가 될 것이다.

— 구재윤, IMM인베스트먼트 투자본부 상무

2022년 주식시장의 변동성이 확대되고 있는 가운데, 공모주 투자는 '저위험·중수익'의 좋은 투자 전략이다. 최근 대어급 공모주가 다수 상장을 했고, 그 결과 개인투자자 사이에서는 청약 열풍이 불었다. 이 책은 코스피·코스닥 상장의 최근 사례까지 자세하게 설명하고 있다. 게다가 공모주 투자는 폭넓은 리서치가 필요한 만큼, 이 책이 많은 도움이 될 것이다. 특히 저자는 IPO 업계에서 다년간의 실무 경험이 있으므로, 상장 기업과 기관투자자 양쪽의 입장을 모두 이해하고 있다. 그만큼 균형 있는 시각으로 공모주 투자 전략을 설명하고 있다.

상장을 앞둔 기업 관계자라면 이 책을 통해서 성공적인 공모주 전략을 세울 수 있을 것이다. 그 결과 기업 가치를 극대화할 방법을 찾을 수 있다. 기관투자자가 공모주에서 필수로 확인하는 의무보유확약, 투자설명서 확인 방법 등을 자세히 설명하고 있기 때문에 상장 후에도 주가 판단에 도움이 될 것이다. 기관투자자인 나 또한 이 책에서 설명하는 공모주 투자 프로세스와 수익 전략을 참고할 수 있었다. 상장을 앞두고 있는 국내 유니콘 기업들이 많다. 투자자라면 이 책을 통해서 유니콘 기업의 성공을 함께 누릴 수 있을 것이다.

— 유진호, IBK자산운용 펀드매니저

기업은 생명체다. 성장하지 못하면 도태될 수밖에 없는 생명체다. 기업이 성장하려면 자금이 필요하다. 결국 기업들이 기업공개(IPO)를 하는 것은 살아남기 위해서다. 이는 공모주 시장이 성장할 수밖에 없는 이유이기도 하다. 공모주 투자는 2020년부터 유망한 재테크 수단으로 떠올랐다. 공모주 투자에도 명확한 공식이 있다. 그저 '묻지 마 투자'를 해서는 성공할 수 없다. 그러니 이 책의 저자가 알려주는 공식을 이해한 다음 투자해보자. 저자가 제시한 가이드를 참고해서 투자한다면 '또 하나의 월급'을 받을 것이다. 이재준 대표와 함께한 시간을 돌이켜보면 그의 말과 눈빛에서 투자자를 위하는 진심을 느낄 수 있다. '공모주 투자의 완결판'인 이 책을 통해 개인투자자로서 성공하길 바란다.

— 염승환, 이베스트투자증권 이사

공모주 투자의
길잡이가 되기를 바라는 마음으로

2021년은 역대급 공모시장이 나타난 해다. 공모시장을 설명하는 변수인 상장기업 수, 공모 규모, 주가수익률 측면이 매우 좋은 수치를 기록했기 때문이다. 공모 규모가 20조 원이 넘어서면서 공모시장의 열기를 확인할 수 있었다. 특히 SK아이이테크놀로지, 카카오페이, 카카오뱅크, 크래프톤 등이 2021년의 공모주 시장을 뜨겁게 달구었다.

2022년에는 LG에너지솔루션이 공모시장의 스타트를 끊었다. 다만 후끈 달아오른 공모주 열기는 LG에너지솔루션 이후 잠시 소강 상태다. 2022년 1분기 수요예측을 실시한 일반 기업 중에서 8곳이 공모가 하단 또는 하단 이하에서 결정되었다. 그리고 현대엔지니어링, 보로노이 등이 수요예측에서 부진한 성적표를 받아 공모를 철회하기도 했다. 이처럼 공모주 시장이 위축된 이유는 무엇일까? 바로 미국 금리인상과 우크라이나발 지정학적 리스크 등으로 인한 금융시장 불안이 공모주 시장에 부정적인 영향을 미쳐서다.

최근 명목금리가 상승하고 있는 가운데 인플레이션율이 가파르게 상승하면서 실질금리는 마이너스 상태이다. 금리가 상승하면 예·적금 가입자 늘어나지만, 이것만으로 '부'를 창출하는 데는 한계가 있다. 게다가 부동산 시장도 정부 정책에 의한 거래절벽 현상이 나타나고 있다. 그 결과 부동산 가격도 하락하고 있어서 현재로서는 부동산에 투자하는 일이 쉽지 않다.

이러한 상황에서 최고의 투자 방법은 무엇일까? 바로 공모주 투자다. 공모주는 초기 투자 위험이 비교적 낮고 큰 수익을 볼 수 있다. 과거 10년간 데이터를 살펴보면, 공모가 대비 시초가 매도시 평균수익률이 30~55%를 기록했다. 단기간에 높은 수익을 확보할 수 있는 투자 수단 중 하나가 공모주 투자다.

이 책은 총 5부로 구성되어 있다. 공모주의 개요 및 시장 리뷰와 전망, 공모주 투자 과정, 공모주 투자의 핵심 팁, 공모주 케이스, IPO 주요 체크포인트 등 공모주 투자 시 반드시 알아야 할 핵심 내용과 개인 투자자들이 접하기 어려운 내용을 알차게 담았다.

1부에서는 공모주의 정의와 장점, 공모주 시장 리뷰, 공모주 시장의 전망을 살펴본다. 이를 통해 공모주 시장에 대한 전반적인 현황을 확인할 수 있다. 2부에서는 공모주 투자 절차를 상세히 기술했다. 공모주 정보를 확인할 수 있는 유용한 사이트 정보, 공모주 투자 과정에서 반드시 알아두어야 할 내용이 들어 있다. 3부는 이 책의 가장 핵심이라고 할 수 있다. 공모주 투자 과정에서 물량 확보 방법, 투자 수익을 높이는 전략 등을 심도 있게 다루었다. 또한 공모주 투자를 진행하면서 알아두어야 할 기업 분석 체크리스트도 포함했다. 4부에서는 공모주 케이스를 실었다. 2020~2022년에 상장한 기업들 중에서 시장의 관심이 높았던 기업을 선별해 사례별로 공모 기업을 분석했다. 마지막 5부에서는 IPO(기업공개)와 관련된 내용을 담았다. 공모를 하기 위해서는 IPO 단계를 거쳐야 한다. 그러므로 IPO를 진행하는 기업들의 특성과 시장 현황을 알아야 한다. 필자는 공모주 투자에 전반적인 상황을 알려주고자 IPO 목차를 추가했다.

3부와 4부는 독자들이 직간접적으로 경험을 할 수 있는 내용이라고 생각한다. 공모주 투자를 하는 데 '인사이트'를 얻을 수 있을 것이라 기대한다.

2022년에는 두나무, 야놀자, 토스, 마켓컬리, 당근마켓, 오아시스, 쏘카 등 1조 원 이상의 기업가치를 기대하는 유니콘 예정 기업들이 상장을 대기하고 있다. 올해의 공모주 시장도 지난해의 연장전으로, 시장의 높은 관심이 지속될 것이라 전망된다.

『절대수익 전략 공모주 투자 사용설명서』는 공모주 시장의 트렌드
와 전망 있는 공모주를 선별하고 투자하는 데 유용한 가이드를 제공
해줄 것이다. 개인투자자의 공모주 투자 핵심 도서로서 길잡이가 되
기를 기대해본다.

이재준

차례

PART 01 동학개미운동 열풍을 이끈 공모주

PART 01 ▶ ▶ ▶

주식시장을 뜨겁게 달군 주인공은 단연 공모주였다. 국내 주식 투자 열풍 속에서 새로운 트렌드로 공모주 투자에 대한 시장의 이목이 쏠렸다. 1부에서는 공모주의 정의, 공모주 투자의 장점, 공모주 시장 리뷰, 공모주 시장 전망 등 공모주의 기본적인 내용을 담았다. 특히 공모주 투자의 장점 5가지는 '공모주 투자가 왜 경쟁력이 있는지'를 알려주는 것이므로 반드시 알아두어야 한다. 2021년 공모주 기업의 수익률, 2022년 공모 예정 기업 현황 등도 살펴볼 수 있어서 공모시장의 전반적인 흐름을 확인할 수 있을 것이다.

동학개미운동 열풍을 이끈
공모주

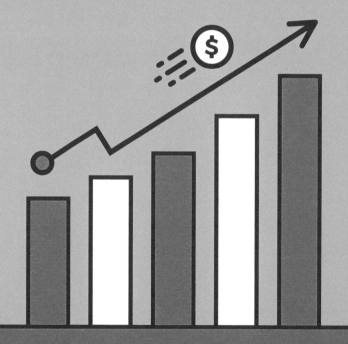

공모주란 무엇인가

공모주의 정의

—

공모주란 '새로 발행하는 주식에 대한 인수를 위해 일반인에게 모집하는 것'을 말한다. 기업이 상장 전에 자기 회사 정보를 공개해 시장에 주식을 내놓으면서 투자자들에게 매수를 권유하는 행위다. 비상장 기업일 때는 소수 주주로만 구성되어 있지만, 상장을 위해 기업공개를 하면 주식을 여러 사람에게 분배해야 하므로 일반투자자, 기관투자자, 우리사주를 대상으로 주식을 매각하게 된다.

기업이 불특정 다수인 대중에게 주식 분산을 위해 정보를 공개하는 절차를 IPO(Initial Public Offering)라고 한다. 기업이 주식을 상장하는 방법 중에서 가장 많이 사용하는 방법이다. IPO는 최초로 외부투자자에게 주식을 공개 매도하는 것이다. 조금 더 쉽게 풀이하면 기업이 정보를 공개하고 주식시장에 내놓을 것이니 관심이 있는 사람은 사라는 것이다.

기업은 기업공개를 통해 주식 가치의 공정한 결정, 세제상의 혜택, 자금조달 능력의 향상, 주주 간 분산투자 촉진 및 소유 분산 등의 혜택을 얻을 수 있고, 투자자는 성장성이 높은 기업에 투자해 이익을 얻는 기회가 될 수 있다.

공모주는 IPO를 통해 시장에 나온 주식을 의미한다. 공모주 청약을 통해서 매수가 가능하고, 공모주는 투자자에게 매우 인기가 높다. 공모주가 상장되면 주가가 공모가보다 높게 형성되기 때문이다. 최근 공모주 청약 경쟁률은 매우 치열하다. 높은 경쟁률 때문에 시장에서 더 높은 가격으로 거래가 발생한다. '따상' '따상상'이라는 용어가 나온 것도 공모주 열풍으로 생긴 것이다.

따상이란 공모를 통해 상장한 주식의 가격이 첫 거래일 기준으로 공모가 2배로 시초가를 형성하고, 장 마감 전까지 상한가를 기록하는 것을 말한다. 만약 첫날에 공모가가 2배 기록하고 상한가를 기록하면 약 160% 수익률이 나온다.

따상상은 따상에서 한 발 더 나아가 그다음 날에도 상한가를 기록하는 것을 말한다. 예상 수익률만 약 240%다. 그렇기 때문에 공모주 투자만 잘해도 단기간에 높은 시세차익이 생길 수 있어 많은 인기를 얻고 있다.

공모주 투자의 장점

―

주식 초보부터 주식 고수에 이르기까지 공통적으로 생각하는 것이 있다. 바로 공모주 투자를 좋은 투자 수단이라고 생각한다는 것이다. 공모주 투자의 장점을 살펴보자.

● **고평가 리스크 회피**

공모주 투자는 고평가 리스크를 줄일 수 있다. '주가에 거품이 많이 꼈다'라는 말을 한 번쯤 들어봤을 것이다. 주식시장은 주식을 사려는 사람과 팔려는 사람이 존재하는 '수요와 공급의 격돌'이다. 모멘텀, 이슈 등으로 인해 수요와 공급의 밀도는 실시간으로 변하며 주가가 필요 이상으로 비싸질 수 있다.

그러나 공모주는 상대적으로 고평가 리스크에서 자유로운 편이다. 청약이 과열되는 과정에서, 즉 수요가 필요 이상으로 많아지는 경우에도 가격 변동 없이 배정 수량에만 영향을 미치기 때문이다. 다만 기관투자자의 수요예측 경쟁률로 설정되는 1차 확정 주가의 거품은 피할 수가 없다. 수요예측에 나서는 기관투자자가 공모가 상단 혹은 그 이상을 제시할 수 있기 때문이다.

하지만 기관투자자가 만들어내는 거품은 의무확약장치로 수급 위험을 줄일 수 있다. 오히려 의무보유확약으로 인해 개인투자자들에게 먼저 매도할 기회가 주어질 수 있다.

● 확정 공모가와 시초가의 적정 가격

'얼마나 좋은 기업인지'를 대략적으로 먼저 보여주는 것이 확정 공모가다. 투자자 입장에서 본다면 유사기업과의 가격을 비교해서 '대략 얼마나 좋은 가격인지'를 평가해본다. 기관투자자의 수요예측을 통해 '기관투자자가 생각하는 적정 가격 선'과 '상장 후 거품이 낀 가격' 차이를 본다면 쉽게 이해할 수 있기 때문이다. 투자하기 전에 자신이 생각하는 가격과 기관투자자가 생각하는 가격을 비교해 적정 가격을 고려해서 투자하면 공모주 투자 성과를 높일 수 있다.

● 선취매를 통한 투자

주식의 원리는 간단하다. 오를 만한 종목을 남들보다 일찍 사서 수익을 내면 된다. 선취매는 남들보다 먼저 매매를 한다는 것이다. 오를 수 있는 주식을 찾는 능력이 부족하다면, 주식투자로 수익을 볼 확률이 떨어질 수밖에 없다.

공모주는 기본적으로 평등하게 선취매를 할 기회가 있는 셈이다. 물론 상장하고 나서 공모가보다 떨어지는 경우도 있지만, 상대적으로 유통시장에서 주식투자를 하는 것보다 리스크는 적다.

● 균등배정 효과

2020년까지는 증거금 1억 원을 청약으로 넣어도 1~2주밖에 못 받는 경우가 있었다. 그런데 2021년부터 청약을 신청한 계좌 수로 나눠서 주는 균등배정 방식이 추가되면서 증거금이 적은 소액 투자자도 더 많은 주식을 가질 수 있게 되었다.

2021년 처음으로 균등배정 방식이 적용된 기업은 '씨앤투스성진'이다. 예전 비례배정 방식으로 청약한다면 4천만 원을 넣어서 4주를 받지만, 균등배정이 적용되면서 최소 청약증거금인 16만 원만 넣어도 주식 4주를 배정받을 수 있다.

균등배정 제도가 생기면서 적은 투자 금액으로도 공모주를 배정받을 수 있게 되었다. 따라서 투자금액 비중을 잘 설정한다면 수익을 높일 기회를 얻을 수 있다.

● **전략적인 매도 타이밍 설정**

투자자의 가장 큰 고민은 매도 시점일 것이다. 아무리 적은 금액이라도 마이너스 수익률이면 기분이 썩 좋지 않을 것이다. 그런데 공모주의 매도 시점은 의외로 간단하다. 대부분의 공모주 주가 움직임은 상장 이후 기간이 길수록 하락하는 경우가 많았다. 확신이 없는 종목이라면 욕심을 버리고 상장하는 날 시초가에 매도하길 바란다.

2021년 공모주 투자에서 공모가 대비 시초가에 매도하면 코스피시장에서 15개 중 10개 기업, 코스닥시장에서 63개 중 51개 기업이 수익을 보였다. 만약 1주씩 청약을 받았다고 가정하고 시초가로 매도를 했을 때, 코스피시장 수익률은 47.8%, 코스닥시장 수익률은 57.3%를 기록했다. 그만큼 공모주 투자는 매도 시점을 단기로 설정할 수 있다는 점이 장점이다.

공모주 시장 리뷰

IPO 기업 수

—

연간 IPO 기업 수는 2015년 177개로 최고점을 기록한 이후, 하락하는 추세를 보였다. 그러나 2020년 코로나19 이후 반등세가 나타났다. 2020년에는 코스피와 코스닥시장에 총 112개 기업이 상장했다. 코로나19 상황이 지속되면서 최근 7개년(2014~2020년) 중에서 최저치를 기록했다.

2021년 IPO 기업 수는 134개로, 최근 5개년 중 최고치를 달성했다. 코로나19 상황이 지속되었음에도 불구하고 우수한 성과다. 특히 상반기에 많은 기업이 상장에 성공하면서 4개년 중 최고 기록을 달성했다.

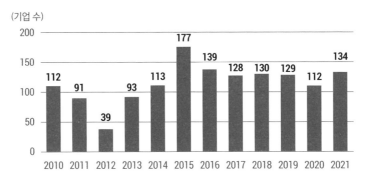

(기업 수)

* 코스피 이전상장, 재상장, 스팩, 코넥스, 스팩합병 제외
* 자료: 한국거래소, 유진투자증권

하반기에는 기술특례 상장기업이 늘어나면서 질적인 면에서도 개선을 보였다. 2021년에는 공모주 시장의 새로운 역사를 기록하며 혁신기업 성장 동력의 마중물 역할을 했다.

연도별 IPO 공모금액

—

IPO 수와 공모금액은 비례하지 않는 모습을 보여주고 있다. 26페이지 그래프를 보면 공모금액이 2010년 10조 1천억 원을 기록했으나 이후 10년 동안 공모시장은 주춤하는 모습을 보였다. 오히려 코로나19 이후 공모시장은 강한 변곡점이 나타났다. 코로나19로 인한 양적완화 정책에 따른 유동성 효과와 코로나19 트렌드에 부합하는 기업

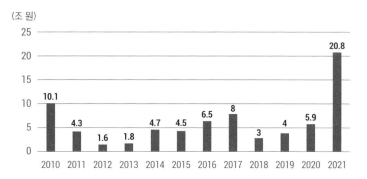

연도별 IPO 공모금액 추이

(조 원)

- 2010: 10.1
- 2011: 4.3
- 2012: 1.6
- 2013: 1.8
- 2014: 4.7
- 2015: 4.5
- 2016: 6.5
- 2017: 8
- 2018: 3
- 2019: 4
- 2020: 5.9
- 2021: 20.8

* 코스피 이전상장, 재상장, 코넥스 제외
* 자료: 한국거래소, 유진투자증권

들이 등장하면서 2021년에는 20조 8천억 원이라는 역대 최고치의 공모금액을 기록했다.

2020년 공모금액은 5조 9천억 원으로, 최근 3개년(2018~2020년) 중 최고치를 달성했다. 특히 '대어급'이라 불리는 하이브, SK바이오팜, 카카오게임즈 등이 상장하고, 6개 리츠 회사가 상장하면서 공모금액이 늘어났다. 이는 공모주의 인기를 엿볼 수 있게 한다.

공모금액을 보면 하이브 9,625억 원, SK바이오팜 9,593억 원, 카카오게임즈 3,840억 원이 모였다. 특히 코로나19 상황에서 기관 수요예측 평균 경쟁률과 일반청약 평균 경쟁률이 사상 최고치를 경신했다. IPO 시장에 대한 개인 및 기관투자자의 관심이 확대되면서 풍부한 유동자금의 유입에 따른 영향으로 파악된다.

2021년 IPO 기업 수 및 공모금액 현황

—

2021년에도 공모주의 열기는 지속되었다. 코스피시장에서 27개 기업이 상장했고, 코스닥시장에서 100개, 코넥스시장에서 7개 기업이 상장했다.

코스피시장은 2020년 대비 약 2배가 성장했으며, 코스닥은 지난해 대비 14개 기업이 늘어났다. 코스닥시장 특례상장이 다양화되면서 코스닥 상장을 추진하는 기업이 지속적으로 확대되는 모습을 보였다.

시장별 비중을 살펴보면 코스피시장의 상장 건수는 유지되고 있으나 코스피 기업의 비중이 상대적으로 상승세를 보였다. 2021년에도 개인투자자들의 코스닥 기업에 대한 공격적인 투자가 반영되면서 2021년에도 긍정적인 영향을 준 것으로 보인다.

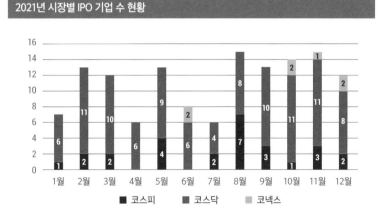

2021년 시장별 IPO 기업 수 현황

* 코넥스, 이전상장, 재상장 포함
* 자료: 한국거래소, 유진투자증권

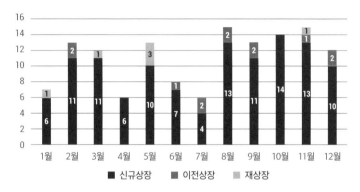

2021년 상장유형별 IPO 기업 수 현황

* 스팩합병을 통한 코스닥 신규상장 및 이전상장 제외
* 자료: 한국거래소

2021년은 2차전지 관련 사업을 핵심 사업으로 영위하는 엔켐, 지아이텍, 원준, 와이엠텍, 엔시스, 유일에너테크가 상장하면서 2차전지 기업의 인기도 높았다.

2021년 12월 말까지의 IPO 기업 수는 134개다. 상장유형별로 보면 신규상장 116개, 이전상장 12개, 재상장 6개 기업이 상장했다. 신규상장 기업은 높은 수준을 유지했고, 특히 이전상장 기업이 12개로 늘어나면서 역대 최고치를 달성했다. 8월과 11월에는 상장기업이 15개로 한 해 최고치를 경신했다. 2021년 상장유형별로 살펴보면 신규상장 기업이 90%에 육박했다.

2021년은 유동성 장세의 힘과 코로나19 백신에 따른 경제 정상화 기대감이 반영하여 위험자산에 대한 긍정적인 투자심리가 나타나며 높은 공모금액을 기록했다. 특히 3월 SK바이오사이언스(1조 5천억 원),

5월 SK아이이테크놀로지(2조 2천억 원)가 높은 공모금액을 달성하면서 전반적으로 공모금액 추이가 상승한 모습을 보였다.

5월 IPO 공모금액은 2,600억 원으로, 2017년 공모금액인 3조 8천억 원(넷마블 2조 7천억 원, ING생명 1조 1천억 원) 이후 4년 만에 최고치를 경신했다. 월별로는 8월에 약 8조 7,300억 원 규모의 공모자금이 유입해 최고 기록을 달성했다.

2021년에는 공모금액 측면에서 보면 크래프톤(4조 3천억 원), 카카오뱅크(2조 6천억 원), SK아이이테크놀로지(2조 2천억 원), SK바이오사이언스(1조 5천억 원), 카카오페이(1조 5천억 원) 등이 상장에 성공하면서 공모금액 합계가 20조 8천억 원으로 역대 최고치를 달성했다.

이 중 코스피에서 17조 2천억 원, 코스닥에서 3조 6천억 원 규모를 기록했다. 코스피시장에서 공모금액은 역대 최고 기록을 달성했다. 코스피시장 공모금액은 2017~2020년 평균 2조 5천억 원 대비 7배 가까이 증가했다.

기관투자자 수요예측 경쟁률
—

2020년 기관 수요예측 평균 경쟁률은 871:1을 기록했다. 평균 경쟁률이 높았던 이유는 과거 대비 상장기업 수가 적어졌고, 기관의 IPO 공모펀드 수요가 지속해서 증가한 것으로 파악된다.

특히 기관투자자 수요예측 경쟁률이 가장 높게 나타난 기업은 카카오게임즈로 1479:1을 기록했다. 1000:1 이상의 경쟁률을 보인 기업은 총 70개 중 40개 기업으로 약 60% 비중을 차지했다.

2021년은 코로나19 백신 보급 확대에 따른 글로벌 경제활동 재개의 영향으로 위험자산에 대한 투자심리가 개선되었다. 특히 4차산업 기업의 상장 건수가 증가하면서 공모 규모는 2020년보다 421% 증가했으며 기관투자자의 경쟁률도 높았다.

2021년 수요예측을 진행했던 89개 기업의 기관 수요예측 평균 경쟁률은 1173:1을 보이며 역대 최고치를 기록했다. 사상 최고치를 보인 이유로는 대어급 기업이 IPO 시장을 주도하며 종목에 대한 주식 확보 경쟁을 벌였고, 공모주 펀드 수요가 지속해서 증가했기 때문이다.

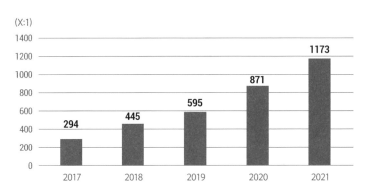

기관투자자 연간 평균 수요예측 경쟁률

(X:1)

* 코넥스, 스팩, 리츠 및 재상장 제외
* 자료: 38커뮤니케이션. 유진투자증권

연도별 공모가 결정 현황

—

IPO 시장에 대한 기관의 높은 관심과 참여는 공모가 상단 이상 비율 86.4%라는 기록으로 이어졌다. 특히 공모가 상단 이상 확정 비율은 2015년 이후 최대치를 기록하며 공모주의 새로운 역사를 썼다. 기업 수를 살펴보면 2021년 기관 수요예측을 거친 89개 기업 중에서 공모가 상단을 초과한 기업 36개, 상단 확정 기업 40개로 각각 40.9%, 45.5% 비중을 보였다.

기관들의 종목 선별이 나타나면서 일부 하단 및 하단 이하를 형성하는 종목도 나타났지만, 과거보다는 그 비중이 줄어들면서 전반적으로 풍부한 유동성을 기반으로 공모주 인기는 계속됐다.

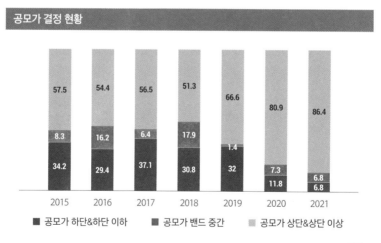

공모가 결정 현황

	2015	2016	2017	2018	2019	2020	2021
공모가 상단&상단 이상	57.5	54.4	56.5	51.3	66.6	80.9	86.4
공모가 밴드 중간	8.3	16.2	6.4	17.9	1.4	7.3	6.8
공모가 하단&하단 이하	34.2	29.4	37.1	30.8	32	11.8	6.8

■ 공모가 하단&하단 이하 　 ■ 공모가 밴드 중간 　 ■ 공모가 상단&상단 이상

* 단위: %
* 스팩, 재상장, 리츠 제외
* 자료: 유진투자증권

개인투자자 일반청약 평균 경쟁률

—

2020년 SK바이오팜의 공모가 대비 높은 수익률이 나타난 후, IPO 공모시장에 대해 일반투자자의 관심이 높아졌다. 후속으로 하이브, 카카오게임즈 등 공모 흥행으로 인해 개인투자자의 공모주 투자 자금이 늘어나면서 IPO 기업에 대한 관심은 증폭되었다.

일반청약 평균 경쟁률은 955:1을 기록하며 2017~2020년 기준으로 역대 최고치를 달성했다. 특히 최고 경쟁률은 보인 기업은 '이루다'로, 3040:1이라는 경쟁률을 보였다. 1000:1 이상의 청약 경쟁률을 보인 기업은 70개 기업 중 33개로, 약 47%를 차지했다.

2021년 일반청약 경쟁률은 중소형 종목을 중심으로 높았다. 코로나19 확산에 따른 비대면이 일상화되면서 메타버스, NFT, AI 등이 성

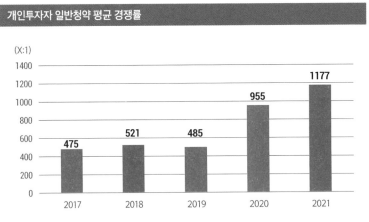

개인투자자 일반청약 평균 경쟁률

(X:1)

* 스팩, 재상장, 리츠 제외
* 자료: 유진투자증권

장 산업으로 떠올랐다. 개인투자자의 성장 산업에 대한 관심이 더욱 높아지며, 풍부한 유동성을 기반으로 공모주 투자 열풍이 이어지면서 경쟁률 1177:1이라는 역대 최고치를 달성했다. 특히 VFX 관련 기업인 맥스트가 6763:1을 기록하며 역대 최고 경쟁률을 보였다.

업종별 IPO 기업 현황

—

2020년 IPO 시장은 코로나19 상황이 지속되었음에도 불구하고, 양호한 수준의 공모기업 수를 달성했다. 1분기와 2분기에는 코로나19 상황이 악화되면서 상대적으로 부진한 수치를 보였지만, 3분기부터 지연되었던 기업의 상장 추진이 이루어지면서 회복하는 모습을 보였다.

IPO 시장을 주도했던 업종을 살펴보면 2020년에는 금융, IT 하드웨어, IT 소프트웨어, 반도체, 디스플레이, 헬스케어 순으로 나타났다. 세부적으로 보면 IT 28%, 금융 26%, 헬스케어 23%로 전체 업종의 77%를 차지했다.

2021년에도 순서는 변하지 않았다. 134개 기업 중에서 93개 기업이 상위 3개 업종에 포함되었다. 다만 비중 면에서 IT 업종이 28%에서 32%로 증가했으나 헬스케어 업종은 23%에서 16%로 감소했다. 경기 관련 소비재 업종은 4개에서 11개로 늘어나며 9%를 기록했다.

2022년에는 바이오 업종에서 심사 철회 및 미승인 사례가 속속들이 나타나고 있다. 내부통제 미흡, 사업성 검증 이슈, 상장 심사 당시

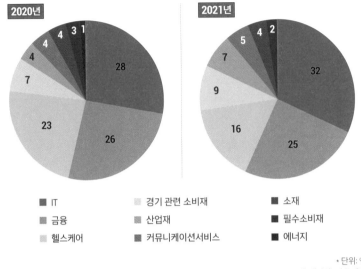

업종별 IPO 기업 현황

2020년

28
26
23
7
4
4
3
1

2021년

32
25
16
9
7
5
4
2

■ IT   ▨ 경기 관련 소비재   ■ 소재
■ 금융   ▨ 산업재   ■ 필수소비재
▨ 헬스케어   ■ 커뮤니케이션서비스   ■ 에너지

* 단위: %
* 스팩, 재상장, 리츠 제외
* 자료: 유진투자증권

해결되지 않은 소송 등이 미승인 사유다. 코스닥시장에서 심사 미승인 사유는 대부분 내부통제 미흡에서 기인하는 것으로 보인다.

기술기업 상장 추이

—

기술특례 상장은 31개 기업이 상장하며 역대 최고치를 달성했다. 업종 다변화, 신규상장 활성화로 코스닥 기술특례 상장 진출 기업이 증가했다. 코스닥시장에서 기술성장 기업의 비중은 2018년부터 계속 약진을 보였다. 최고 기록을 경신했고, 2021년에는 23.1%로 다시 한번 연중 최고치를 경신했다.

기술평가 특례 및 성장성 특례 등 완화된 상장 규정에 따라 증가세가 나타났다. 소프트웨어 기업과 소부장 기업 등 비(非)바이오 기업이 대부분이었다. 이 중 소프트웨어 기업은 11개로 35%, 소부장 기업은 9개로 29%를 차지했다.

코스닥시장에서 소부장 기업의 상장이 다양한 상장 트랙을 통해 확대되고 있다. 이는 향후 소부장 산업의 활성화에 크게 기여할 것으로 전망된다. 기술특례 기업 중에서 소부장 대표 기업으로는 피엔에이치테크, 나노씨엠에스, 제노코, 해성티피씨, 샘씨엔에스, 삼영에스앤씨, 아모센스, 라온테크, 지오엘리먼트 등이 있다.

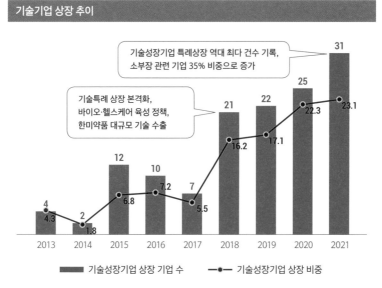

기술기업 상장 추이

기술성장기업 특례상장 역대 최다 건수 기록, 소부장 관련 기업 35% 비중으로 증가

기술특례 상장 본격화, 바이오·헬스케어 육성 정책, 한미약품 대규모 기술 수출

■ 기술성장기업 상장 기업 수   ●— 기술성장기업 상장 비중

* 자료: 유진투자증권

바이오 기업은 9개로, 2020년 17개에 대비해 약 50%가 감소했다. 바이오 기업에서는 신약개발 6개, 체외진단 2개 기업이 상장했다. 기술특례 청구기업도 지난해 48개 기업이 증가했고 거래소 상장 승인 비율은 약 65%로, 지난해 47%에 비해 높은 상승세를 보였다.

2022년에는 바이오 기업의 기술성장 요건이 더욱 강화되었다. 과거에는 의미 있는 실적을 내지 못해도 기술력과 성장 가능성이 높은 기업들에게 상장의 문턱을 열어주었다. 그러나 기술특례 상장으로 진입했던 기업의 실적이 부진하고, 경영진의 배임이나 횡령 이슈 등이 발생하면서 신뢰도가 하락했다. 거래소는 새로운 기술성 평가 기준이 적용될 것으로 예상되고 있는 가운데, 시장성과 기술 진행 정도, 기술 이전 이력 등을 면밀하게 심사하고 평가기준도 더욱 강화될 것으로 전망된다.

공모주 시장의 전망

공모주 수익률

—

전 세계적으로 저금리·저성장이 장기화되면서 지속 가능한 재테크 투자의 중요성이 높아지고 있다. 이러한 투자 환경에서 공모주 투자는 낮은 위험으로 중수익을 얻을 수 있는 좋은 투자 대상이다. 공모주 투자의 장점은 한국거래소의 엄격한 상장 조건, 기업가치 대비 할인된 공모가격, 짧은 자금회수 기간 등이다.

2020년 이후 4차 산업혁명과 포스트 코로나의 흐름을 타고 바이오, 전기차, 콘텐츠, AI 등 성장성이 높은 업종을 중심으로 신규상장 종목이 증가하고 있다. 2020년 공모주 시장은 상반기에 코로나19 상황으로 부진했으나 하반기에 들어서면서 유동성 효과로 증시의 온기가 공모주 시장으로 전해지며 공모주 투자자금이 대거 유입되었다. 2021년에도 2020년과 비슷한 우호적인 유동성 환경으로 인해 공모주 시장에서 성장주에 대한 관심은 지속되었다.

공모주 투자는 낮은 위험으로 중수익을 얻을 수 있기 때문에 매력적인 투자처가 될 수 있다. 연간 공모가 대비 시초가 수익률은 54.9%를 보이며 높은 성과를 보여주고 있다. 87개 기업 중에서 35개 기업이 공모가 대비 시초가 수익률 최대인 100%를 달성하면서 높은 수익률을 보였다. 특히 자이언트스텝, 맥스트, 나노씨엠에스 등 소프트웨어 기업들의 강세가 두드러졌다.

2022년 IPO 시장은 공모기업 수 기준으로 보면 전년과 유사한 수준일 것으로 보인다. 공모금액 측면에서는 2021년보다 5조~10조 원 정도 늘어날 것으로 예상된다. 2022년 IPO 예정 기업 수는 약 130~140여 개 기업이며 공모금액은 25조~30조 원 수준으로, 올해에도 다수의 유니콘 기업이 IPO 시장에 진입할 것으로 예상된다.

한국거래소가 집계한 2021년 코스피 IPO 공모금액이 17조 2천억 원 수준이다. 이는 종전 최고치인 8조 8천억 원(2010년)을 넘어섰다. 코스닥 IPO 공모금액 역시 3조 6천억 원으로 사상 최대 수준이었다. 2022년 공모금액 기준으로 1조 원 이상인 IPO 기업 다수가 상장이 예정되어 있다.

따라서 대형주 중심으로 사상 최대의 IPO 시장이 열릴 것으로 예상된다. 금리 상승이라는 긴축 시계가 작동하고 있지만, 국내의 튼튼

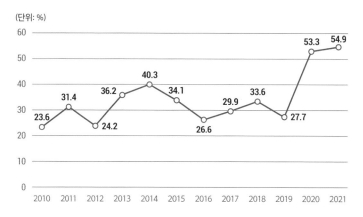

(단위: %)

* 스팩, 재상장, 리츠 제외
* 자료: 유진투자증권

한 펀더멘털 및 유동성 기반으로 증시 흐름은 견조한 흐름이 나타날 것으로 전망된다. 2022년에도 투자자가 높은 관심을 두는 기업들이 대거 포진되어 있다. 따라서 2021년보다 공모금액은 증가할 것으로 보인다.

또한 IPO 관련 제도의 변화로 관련 벤처기업의 상장도 증가할 것이다. 정부는 혁신기업이 용이하게 IPO를 해 성장해나갈 수 있도록 혁신기업 특성에 맞게 상장, 관리 제도를 개편한 바 있다. 업종별로 차별화된 상장심사 기준을 적용해 IPO 문턱을 낮추었고, 바이오 업종에 대한 관리종목 지정 요건을 차등적으로 적용해 퇴출 요건을 완화했다. 이에 따라 성장 산업 혁신기업의 IPO 입성이 증가할 것으로 예상된다.

2022년 IPO 예정 기업

구분	기업명	업종	주관사	예상 시가총액	예상 공모규모	상장 예정시기	비고
1	LG에너지 솔루션	2차전지	KB증권, 모건스탠리증권	70조 원	11조~ 13조 원	1월	코스피 시총 3위 예상 (상장)
2	두나무	정보 서비스	미정	20조 원	미정	미정	업비트 시장점유율 80%
3	현대 오일뱅크	정유	NH투자증권, KB증권, CS증권	10조 원	2조 원	상반기	현대중공업 74% 최대주주
4	카카오 엔터테인 먼트	엔터테인 먼트	KB증권	10조 원	미정	하반기	카카오 자회사, 카카오페이지와 카카오M 합병 법인
5	SSG닷컴	유통	미래에셋증권, 씨티그룹 글로벌 마켓증권	8조~ 10조 원	미정	하반기	2023년까지 IPO 조건으로 해외투자 유치
6	카카오 모빌리티	차량호출	한국투자증권, 대신증권, CS증권, 모건스탠리증권, 씨티증권	6조~ 7조 원	미정	하반기	카카오T 기반 서비스 운영
7	마켓컬리	농산물 유통	NH투자증권, 한국투자증권, JP모건	4조~ 6조 원	미정	하반기	샛별배송 서비스, 신선식품 배송
8	SK쉴더스	보안	NH투자증권, 모건스탠리증권, CS증권	미정	미정	미정	SK스퀘어 자회사, ADT캡스 전신 (2022년 5월 상장 철회)
9	교보생명 보험	보험	NH투자증권	3조 원	미정	미정	대주주 국제 분쟁에 따른 상장 일정 연기 이력 보유
10	쏘카	차량공유	미래에셋증권	3조 원	미정	상반기	모빌리티 구독 서비스 패스포트
11	CJ 올리브영	헬스, 뷰티 유통	미래에셋증권, 모건스탠리증권	4조 원	미정	하반기	H&B 스토어 국내 1위, 202년 말 Pre-IPO에서 1조 8천억 원 가치로 투자받음
12	원스토어	앱스토어	NH투자증권, KB증권	미정	미정	미정	SK스퀘어 자회사 (2022년 5월 상장 철회)
13	오아시스 마켓	농산물 유통	한국투자증권, NH투자증권	1조~ 3조 원	미정	하반기	새벽배송 후발주자, 업계 유일의 흑자

14	더핑크퐁컴퍼니	콘텐츠	미래에셋증권	4조 원	미정	미정	글로벌 패밀리엔터테인먼트. 웹툰, 웹소설, 스포츠 사업
15	무신사	온라인 유통	미정	4조~5조 원	미정	미정	국내 패션플랫폼 점유율 5% 이상. 흑자기조 유지 (2023년 상장 추진 예정)
16	쏘카	공유자동차 임대업	미래에셋증권, 삼성증권	2조 원	미정	상반기	벤처캐피털 SOQRI 등 지분 40.5%보유
17	티몬	온라인 유통	미정	2조 원	미정	미정	관계형 커머스 모델 도입. M&A 매각 결렬
18	와디즈	투자 플랫폼	미래에셋증권, 신한금융투자	1조 원	미정	하반기	롯데 800억 원 투자. 2대주주 등재
19	태림페이퍼	펄프, 종이 및 판지 제조업	신한금융투자, 하나금융투자	6,000억~7,000억 원	1,500억 원	상반기	6년 만에 상장 재도전. IMM PE 최대주주
20	야놀자	여가 서비스	골드만삭스, 모건스탠리증권	10조 원	미정	미정	인터파크 인수. 소프트뱅크 비전펀드 투자 유치 (나스닥 상장 추진)
21	라이온하트 스튜디오	게임	한국투자증권, JP모건	6조~10조 원	미정	하반기	최대주주 카카오게임즈 '오딘' 흥행에 따른 흑자전환

여기에 공모주 청약 제도의 변경도 공모주 투자에 긍정적인 영향을 미칠 것이라 내다본다. 정부는 2021년부터 일반청약 물량을 20%에서 25%로 확대하고, 청약 시 절반 이상을 균등배정으로 배분하는 방식을 도입했다. 제도 변경은 공모주 시장에서 개인투자자의 참여가 더욱 활발해질 것으로 내다보고 있다.

2022년에도 다수의 대기업 계열사들과 모바일 혁명을 바탕으로 성장한 유니콘 기업들의 IPO가 진행될 예정이다. 이에 따라 IPO 시장의 열기는 지속될 것이다.

2021년에 이어 2022년에도 긍정적으로 보는 이유는 지난 2년간 코로나19 상황에도 불구하고 상장기업 수가 회복되었고, LG에너지솔루션 상장을 시작으로 대어급 기업의 상장이 이어질 것이기 때문이다. 더불어 IPO의 높은 펀드 수익률로 인해 기관투자자는 다양한 공모주 상품을 출시할 것이고, 이에 따라 개인투자자가 공모주 펀드상품에 가입하는 비중이 늘어날 것으로 예상된다.

2022년 코스피시장에서 약 20~25개 기업이 유니콘(시가총액 1조 원 이상) 기업이 상장할 것으로 내다보고 있으며, 공모금액은 15조~18조 원 수준으로 전망한다. 다만 시장 상황에 따라 상장 추진이 미루어질 수도 있고, 일부 기업은 코스피시장이 아닌 나스닥 상장 추진을 검토하고 있어서 변동성이 나타날 것으로 전망된다.

2022년 공모주 시장은 전반적으로 견조한 모습이 유지되면서 대어급 기업을 많이 볼 수 있을 것이다. 특히 언론에서 언급하고 있는 다수의 대형 우량 기업이 하반기에 대기하고 있기 때문에 공모주 시장은 여전히 온기가 흐를 것이라 예상된다.

공모주 수익률 통계(2021년 상장기업)

상장월	기업명	상장일	상장 시 시가총액 (억 원)	현재 시가총액* (억 원)	시가총액 변동률 (%)
1월	엔비티	21일	1,580	2,432	53.92
	선진뷰티사이언스	27일	703	862	22.62
	씨앤투스성진	28일	2,941	2,169	-26.25
	모비릭스	28일	1,299	2,233	71.90
	핑거	29일	1,414	2,476	75.11

	솔루엠	02일	7,226	11,226	55.36
	레인보우로보틱스	03일	1,558	4,381	181.19
	와이더플래닛	03일	1,082	1,276	17.93
	피비파마	05일	19,231	12,530	-34.84
2월	피앤에이치테크	16일	1,085	1,060	-2.30
	오로스테크놀로지	24일	1,955	2,941	50.43
	씨이랩	24일	1,035	1,938	87.25
	유일에너테크	25일	1,694	2,044	20.66
	뷰노	26일	2,273	2,118	-6.82
	나노씨엠에스	09일	789	3,268	314.20
	싸이버원	11일	441	635	43.99
	프레스티지바이오로직스	11일	5,314	4,532	-14.72
	네오이뮨텍	16일	7,179	10,203	42.12
3월	바이오다인	17일	1,775	2,060	16.06
	SK바이오사이언스	18일	49,725	172,125	246.15
	라이프시맨틱스	23일	1,222	970	-20.62
	제노코	24일	879	2,190	149.15
	자이언트스텝	24일	1,037	7,642	636.93
	엔시스	01일	1,976	2,148	8.70
4월	이삭엔지니어링	21일	897	1,098	22.41
	해성티피씨	21일	602	885	47.01
	쿠콘	28일	3,576	7,327	104.89
	SK아이이테크놀로지	11일	74,862	119,780	60.00
	에이치피오	14일	4,426	2,712	-38.73
	씨앤씨인터내셔널	17일	2,807	1,838	-34.52
5월	샘씨엔에스	20일	3,260	3,516	7.85
	삼영에스앤씨	21일	611	745	21.93
	진시스템	26일	1,362	788	-42.14
	제주맥주	26일	1,792	1,431	-20.15
	에이디엠코리아	03일	830	1,297	56.27
6월	엘비루셈	11일	3,444	2,866	-16.78
	라온테크	17일	879	1,952	122.07

월	종목	일자			
6월	이노뎁	18일	1,251	1,935	54.68
	아모센스	25일	1,389	2,425	74.59
7월	오비고	13일	1,614	2,175	34.76
	에스디바이오센서	16일	53,701	57,729	7.50
	큐라클	22일	3,339	3,100	-7.16
	맥스트	27일	1,280	5,835	355.86
	에브리봇	28일	2,237	2,408	7.64
8월	카카오뱅크	06일	185,289	280,344	51.30
	HK이노엔	09일	17,054	15,175	-11.02
	크래프톤	10일	243,512	225,248	-7.50
	원티드랩	11일	1,646	3,513	113.43
	플래티어	12일	910	1,819	99.89
	엠로	13일	1,226	2,208	80.10
	한컴라이프케어	17일	3,791	2,455	-35.24
	딥노이드	17일	1,802	1,698	-5.77
	롯데렌탈	19일	21,614	13,958	-35.42
	브레인즈컴퍼니	19일	1,027	1,210	17.82
	아주스틸	20일	3,994	4,894	22.53
	바이젠셀	25일	4,971	3,480	-29.99
9월	일진하이솔루스	01일	12,455	19,791	58.90
	에이비온	08일	2,592	2,738	5.63
	와이엠텍	10일	1,510	2,040	35.10
	현대중공업	17일	53,264	84,512	58.67
	바이오플러스	27일	4,382	3,950	-9.86
	프롬바이오	28일	2,490	1,543	-38.03
	에스앤디	29일	1,137	777	-31.66
	실리콘투	29일	2,727	1,935	-29.04
10월	원준	07일	3,263	5,055	54.92
	아스플로	07일	1,111	1,058	-4.77
	씨유테크	08일	1,059	1,248	17.85
	케이카	13일	12,022	16,398	36.40
	지아이텍	21일	1,102	1,814	64.61
	차백신연구소	22일	2,907	2,934	0.93

월	기업	일			
10월	아이패밀리에스씨	28일	1,030	729	-29.22
	지앤비에스엔지니어링	29일	1,247	1,437	15.24
	리파인	29일	3,639	2,487	-31.66
11월	엔켐	01일	6,345	15,150	138.77
	피코그램	03일	383	666	73.89
	카카오페이	03일	117,330	230,136	96.14
	지니너스	03일	2,174	1,386	-36.25
	디어유	10일	5,329	17,999	237.76
	비트나인	10일	1,139	1,574	38.19
	아이티아이즈	11일	826	1,404	69.98
	지오엘리먼트	11일	619	2,298	271.24
	트윔	17일	1,596	1,977	23.87
	바이옵트로	18일	611	839	37.32
	알비더블유	22일	1,697	2,157	27.11
	마인즈랩	23일	1,519	1,889	24.36
12월	툴젠	10일	2,497	7,114	184.90
	케이비네트워크	16일	5,880	5,130	-12.76
	래몽래인	30일	937	1,500	60.09
평균 수익률					50.85

* 2021년 12월 30일 시가총액 기준
* 붉은색 표시는 유니콘 기업
* 자료: 한국거래소

PART 02 ▸ ▸ ▸

2부에서는 공모주 투자의 전반적인 과정을 단계별로 상세히 설명한다. 공모주 투자 정보를 얻을 수 있는 사이트와 공모주 투자 프로세스 내에서 단계별 주요 이슈 및 현황 등을 제시했다. 특히 공모주 청약 및 납입을 위한 증권계좌 개설부터 청약 증거금 납입까지, 공모주 투자에 필요한 과정인 만큼 개인투자자에게 많은 도움이 될 것이다.

공모주 투자
프로세스

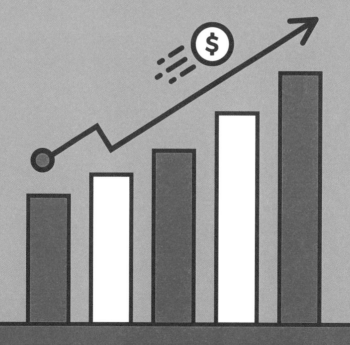

공모주 정보 찾기

IPO 프로세스 점검

—

공모주 투자 프로세스를 알아보기 전에 IPO 프로세스를 살펴보자. 상장예비심사 청구서를 접수한 기업은 한국거래소 상장공시시스템에서 확인할 수 있다.

다만 상장예비심사에서 미승인 또는 상장철회가 나올 수 있기 때문에 공모주 투자는 상장예비심사 청구 승인 이후 증권신고서 효력 발생 및 예비 투자설명서 제출 시점에 관심을 가지면 된다. 이후 IR, 청약 및 배정, 상장신청 및 거래개시까지는 3~4주가 걸린다. 공모주 투자자는 이 기간에 집중해야 한다.

공모주 정보 찾기

—

공모주 투자를 하려면 먼저 공모주와 관련된 정보를 찾아야 한다. 공모주 정보를 찾는 방법은 5가지로 요약할 수 있다.

● **전자공시시스템**

금융감독원 전자공시시스템(dart.fss.or.kr)에서 증권신고서 또는 투자설명서를 통해 공모주 정보를 얻을 수 있다. 증권신고서를 열면 가장 먼저 '핵심투자위험 알림' 팝업창이 뜬다. 이는 공모주 투자와 관련해 투자자가 투자위험을 쉽게 확인할 수 있도록 제공하는 서비스

전자공시시스템 홈페이지

* 자료: 전자공시시스템 DART 홈페이지

다. 시장, 사업, 회사, 기타 투자위험에 대해 A4 기준 약 30페이지 분량으로 정리되어 있다.

보통은 일반적인 내용이라 생각해서 쉽게 간주하는 경향이 있는데, 투자자라면 반드시 읽고 넘어가야 할 부분이다. 문서는 요약정보, 모집 또는 매출에 관한 사항, 발행인(회사)에 관한 사항, 전문가의 확인 대분류로 구성되어 있다.

● 상장공시시스템

상장공시시스템(kind.krx.co.kr)은 한국거래소에서 운영하는 기업공시채널이다. 필자는 주로 전자공시시스템과 상장공시시스템을 활용한다. 상장공시시스템에서는 IPO 및 상장 관련 통계자료, 기업 정보를 확인할 수 있다.

기업내용 공시제도는 상장법인이 자사 주식의 투자 판단에 중대한 영향을 미칠 수 있는 기업의 중요한 정보를 공시하는 것이다. 투자자는 기업의 실체를 파악해서 자유로운 판단과 책임하에 투자를 결정할 수 있게 한다. 공시제도는 공시의 신속성, 정보의 정확성, 정보내용 이해와 용이성, 정보전달의 공평성을 갖추어야 한다.

최근 기술기업특례 상장이 증가하고 있다. 따라서 기술과 관련한 내용이 중요해지고 있다. 거래소는 코스닥시장 활성화를 통한 자본시장 혁신 방안의 일환으로, 기술 전문평가기관의 코스닥 기술분석보고서를 발행해 투자 정보를 확충했다. 투자자라면 투자의사 결정에 유용한 정보가 될 것이다.

* 자료: 한국거래소 KIND 홈페이지

● **38커뮤니케이션**

38커뮤니케이션(www.38.co.kr) 홈페이지에서는 IPO 및 공모정보를 취득할 수 있다. 공모주 관련 뉴스, IPO 일정, 청약 일정, 기업 IR 일정, 수요예측 및 결과, 공모 청약 일정, 예상 가격 등이 일목요연하게 정리되어 있다. 증권신고서 또는 투자설명서는 분량이 많기 때문에 정독하는 데 많은 시간이 소요된다. 따라서 38커뮤니케이션 정보를 활용하는 것도 대안이 될 수 있다.

38커뮤니케이션 홈페이지

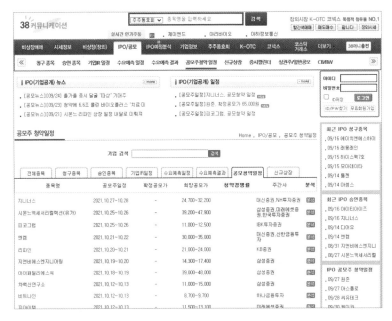

* 자료: 38커뮤니케이션 홈페이지

기업 검색을 하면 기업 개요, 공모 정보, 청약 일정, 공모 분석, 장외시장 거래 동향, 공시자료, 재무 정보 등을 확인할 수 있다. 더 자세한 내용을 찾아보고 싶다면 전자공시시스템 사이트를 활용해보자.

● **한국IR협의회**

IR(Investor Relation)이란 투자자와 신뢰를 구축하고 기업의 공정가치 실현을 위한 효과적인 경영활동을 뜻한다. 투자자와 관계기업 간의 설명 활동이다.

IR 활동은 투자자에게 정보를 제공하는 측면에서 기업공시와 비슷하지만, 적극적인 IR 활동을 통해 새로운 성장 기회를 마련하고 더 큰 미래를 창출한다는 점에서 차별화를 둔다. 기업이 투자자 대상의 IR을 통해 투자 의사를 결정하고, 이를 통해 기업가치를 제고하는 것이 주요 목적이다.

만약 투자설명서를 읽기 어렵다면 IR을 대체수단으로 활용해도 좋다. 투자자들은 IR협의회를 통해 편리하게 투자 정보를 얻을 수 있고, IR 자료와 피칭을 통해 기업에 대한 이해를 높일 수 있다. 공모주뿐만 아니라 상장기업의 정보도 취득할 수 있어서 상장 이후 주가 분석도 가능하다는 장점이 있다.

한국IR협의회(www.kirs.or.kr)는 2009년에 금융위원회의 허가를 받아 한국거래소가 설립한 비영리 사단법인이다. 기업의 공정가치 실현과 투자자 보호를 위해 만들어졌다. 기업설명회 개최 및 실시간 중계, IR 대상 시상, IR 원스톱 서비스, 한국거래소와 합동 IR 행사 등 IR 인프라를 지원하고, IR 전문인력 양성을 위한 20여 종의 IR 교육연수 프로그램을 제공한다. 또한 기술보고서 발간, IR 전문 유튜브 채널(IR TV) 운영 등 IR정보 공유사업을 진행 중이다.

● **아이피오스탁**

아이피오스탁(www.ipostock.co.kr)은 2000년에 설립된 이후 IPO 분석, IPO 예비심사, 공모 내용, 기타 공모, K-OTC, 기업 정보, 상장·비상장 기업시세 정보, 투자 교실, 커뮤니티 등의 정보를 제공하고 있다.

* 자료: 아이피오스탁 홈페이지

공모와 청약 내용뿐만 아니라 실권주, 주식관련 사채 등에 대한 청약 내용 및 IPO 캘린더를 제공해 공모주 청약 일정을 한눈에 파악할 수 있게 한다.

개인투자자를 위한 공모주 투자 안내, 비상장주식 매매 방법, 세금, IPO 및 스팩 관련 교육자료도 제공한다. 공모주 정보 외에도 투자 전반에 대한 정보를 다양하게 볼 수 있어서 개인투자자에게 유익하다.

공모주 투자 프로세스

공모주 투자 프로세스 알아보기

—

최초 상장을 하기 위해서는 기업이 한국거래소에 상장예비심사를 신청한다. 예비심사에 통과하면 투자설명회(IR) 진행 및 증권신고서를 작성하고 기관투자자 수요예측을 진행한다. 이 수요예측의 결과를 바탕으로 상장 주관사가 발행사와 협의해 최종 공모가를 산정한다.

상장 주관사는 공모주 청약을 위한 공고를 게재해야 하고, 이때 투자를 희망하는 투자자는 청약에 참여한다. 청약은 기관투자자 수요예측과 개인투자자 청약으로 나뉜다. 기관투자자 수요예측을 한 다음에 개인투자자 청약을 진행한다.

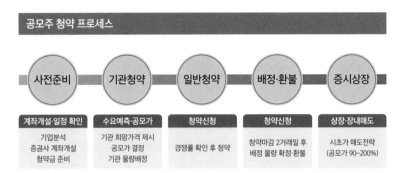

공모주 청약 프로세스

사전준비	기관청약	일반청약	배정·환불	증시상장
계좌개설·일정 확인	**수요예측·공모가**	**청약신청**	**청약신청**	**상장·장내매도**
기업분석 증권사 계좌개설 청약금 준비	기관 희망가격 제시 공모가 결정 기관 물량배정	경쟁률 확인 후 청약	청약마감 2거래일 후 배정 물량 확정·환불	시초가 매도전략 (공모가 90~200%)

* 자료: 네이버 블로그 '약이 되고 돈이 되는 이야기'

청약에 참여하려면 상장 주관사에서 증권계좌를 개설하고 청약증 거금을 납부해야 한다. 청약신청이 끝나면 상장을 하고 과정이 마무리된다.

공모주 청약을 위한 준비 5단계를 알아보자.

주관 증권사 계좌개설 및 청약증거금 준비

—

증권신고서, 투자설명서 등을 통해 기업분석이 끝나면 주관 증권사 계좌개설을 진행한다. 발행사의 주관사를 파악한 후 증권사 계좌개설을 진행한다. 공모주 투자를 꾸준히 할 예정이면 주요 증권사 계좌개설을 미리 하는 것이 좋다. 온라인, 모바일, 영업점 창구, 고객센터 전화 등 증권사 계좌개설 방법이 다양하다.

증권사 계좌개설을 준비할 때는 IPO 리그테이블을 참고해서 진행

2020년 IPO 리그테이블

순위	하우스 명	금액(백만 원)	점유율	건수	건수 점유율
1	NH투자증권	901,868	18.33%	12	12.63%
2	미래에셋대우	787,878	16.01%	19	20%
3	한국투자증권	712,845	14.49%	12	12.63%
4	삼성증권	513,418	10.43%	8	8.42%
5	KB증권	362,487	7.37%	6	6.32%
6	씨티글로벌마켓증권	311,785	6.34%	1	1.05%
7	JP모건	288,765	5.87%	1	1.05%
8	메리츠증권	242,500	4.93%	1	1.05%
9	하나금융투자	192,378	3.91%	8	8.42%
10	대신증권	113,297	2.30%	5	5.26%

2021년 상반기 IPO 리그테이블

순위	주관사	주관실적		
		실적(백만 원)	점유율	건수
1	미래에셋증권	1,384,750	23.86%	12
2	NH투자증권	965,673	16.64%	3
3	한국투자증권	908,658	15.66%	10
4	JP모건	718,704	12.38%	1
5	삼성증권	449,315	7.74%	8
6	크레디트스위스증권	404,271	6.97%	1
7	대신증권	267,879	4.62%	7
8	KB증권	222,280	3.83%	4
9	하나금융투자	157,282	2.71%	6
10	신한금융투자	90,227	1.55%	5
11	키움증권	68,830	1.19%	3
12	유안타증권	39,842	0.69%	2
13	신영증권	38,643	0.67%	1
14	IBK투자증권	29,150	0.5%	2
15	하이투자증권	27,400	0.47%	2
16	DB금융투자	25,640	0.44%	2
17	유진투자증권	5,600	0.1%	1

* 자료: 더벨 리그테이블

하면 좋다. IPO 리그테이블은 IPO를 주관하는 증권사 순위를 말한다. 공모금액, 공모 건수, 점유율 지표를 바탕으로 순위를 매긴다. IPO 대표 주관사 증권사 계좌개설을 미리 하면 나중에 공모주 청약을 신청하는 데 편리하다.

공모주 청약을 하기 전에는 청약증거금을 미리 준비해둔다. 영업점 방문 시 청약증거금을 현금이나 수표로 준비하고, 증권계좌에서 출금하는 경우에는 증권카드를 준비한다. 모바일 또는 온라인을 이용할 것이라면 증권계좌에 현금을 미리 넣어둔다. HTS(Home Trading System, 투자자가 주식을 사고팔기 위해 증권사 객장에 나가거나 전화를 거는 대신 집이나 사무실에 설치된 PC를 통해 거래할 수 있는 시스템), MTS(Mobile Trading System), 홈페이지를 활용할 수 있다. 공모주 청약은 인터넷뱅킹-청약-공모주-실권주 청약 단계를 통해 이루어진다.

공모주 청약 시에는 청약증거금이 필요하다. 이때 청약증거금이란 IPO(기업공개)에 따른 공모주를 배정받기 위해 납입하는 증거금이다. 청약증거금은 50%다. 만약 청약증거금으로 1천만 원을 내면 2천만 원어치 청약을 신청할 수 있다. 다만 청약 경쟁률에 따라 실제 청약증거금은 더 많을 수 있다. 청약 경쟁률이 1000:1이고 공모가가 2천 원일 때, 10주를 배정받으려면 증거금으로 1천만 원이 필요하다.

공모금액에 미달되면 실권주가 발생할 수 있다. 실권주란 기존 주주들에게 배정된 주식 중에서 인수되지 않은 주식을 뜻한다. 보통은 유상증자할 때 주주가 권리를 행사하지 않고 청약을 포기하는 경우가 많다. 주식을 발행해서 기업이 돈을 모으는데 기존 주주들에게 신주를 발행하거나, 관계자의 주식을 팔거나, 일반청약으로 공모하여 주식을 나누어준다. 이 과정에서 기존 주주 배정분의 신주를 주주가 인수하지 않는 경우가 있다. 자금이 없거나 신청 미달이 발생했을 때 실권주가 발생한다.

실권주는 청약·배정을 통해 다시 한번 청약을 한다. 실권주 공모주 청약도 유상증자와 유사하다. 다만 유상증자 공모 때는 주관사가 아닌 증권사도 청약을 받지만 실권주 공모 청약은 보통 주관사에서만 청약을 받는다. 청약 기간은 2일이 소요되고 실권주 청약증거금 비율은 100%다.

만약 공모가가 주당 1만 원이라면 실권주 50주를 청약하고자 할 때 50만 원의 청약증거금을 납입해야 한다. 청약증거금이 배정 수량에 따른 신주 구입대금보다 많으면 초과분을 돌려받는다.

실권주 청약 시에는 경쟁률이 너무 낮지는 않은지, 기존 주주의 포기 물량이 많아서 실권주 수량이 많은지, 포기 사유가 기업 자체의 가치 평가와 연계되어서 회사에 문제가 있는 것인지 등을 살펴봐야 한다. 실권주도 시세 차익의 가능성이 높은 종목에서 청약 경쟁이 심하므로, 실제로 배정받을 수 있는 주식 수가 적어 청약에 따른 실속이 떨어질 수 있다.

또한 청약해서 배정받은 실권주가 입고되기까지 시일이 걸리는데, 그사이에 관련 기업의 주가가 하락하면 투자금에 손실이 생길 수도 있으니 주의해야 한다.

그리고 기관투자자 수요예측과 공모 진행 전 대표 주관사와 발행사의 시각과 투자자 간의 입장 조율을 확인해야 한다. 사전 투자자 태핑(Tapping)을 통한 기관투자자 반응 및 밸류에이션 민감도 체크를 통한 최적의 시나리오를 구성한다. IR 이전 시장에 피드백 수집을 통해 최적의 마케팅 전략을 찾는 것이다.

기관투자자 수요예측 및 청약
—

공모주 청약 전에는 금융감독원에 확정 증권신고서를 제출하고 청약 절차를 진행한다. 공모주 청약에는 우선순위가 있다. 통상 청약은 2일에 거쳐 진행되고, 우리사주와 기관투자자에게 가장 먼저 공모주 청약의 기회를 준다. 기관투자자의 청약 경쟁률에 따라 최종 공모가격이 결정된다. 만약 기관투자자의 반응이 뜨겁다면 공모가는 높게 책정되겠지만, 반대 경우라면 공모가가 낮게 책정될 수 있다.

일반투자자에게 공개되기 전에 기관투자자 수요예측을 통해 반응을 본다. 기업 입장에서는 당연히 높은 가격으로 정해지기를 원하지만 기관투자자들의 반응이 좋지 않으면 가격은 낮게 책정될 수 있다. 이때 최종 공모가격이 마음에 들지 않아서 상장을 포기하는 기업들도 생긴다.

상장 주관사와 기업은 수요예측 및 청약 전에 공모주 가격을 결정한다. 공모가격은 딱 정해지는 것이 아니고 일정한 범위 내에서 정해진다. 예를 들어 상장 주관사와 기업이 1주당 가격을 1만~1만 2천 원

공모주 기관청약 데이터 예시

구분	참여 건수(건)	신청 수량(주)	비중	신청 금액 (공모가 기준)	단순 경쟁률
상단 이상	565	1,592,821,000	97.8%	50조 7천억 원	132.7:1
상단 미만	57	35,962,000	2.2%	1조 1천억 원	3.0:1
합계	622	1,628,783,000	100%	51조 8천억 원	135.7:1

* 자료: 미래에셋증권

사이로 정했다면, 확정 공모가격은 기관투자자의 수요예측 및 청약에 따라 정해진다.

공모가를 높게 받기 위한 IR 활동에 대해 살펴보자. 기관투자자 수요예측을 통해 공모가 상단 이상을 받기 위해서는 IR이 가장 중요하다. IR이란 기업이 자본시장에서 정당한 평가를 얻기 위해 주식 및 사채 투자자들을 대상으로 실시하는 홍보 활동, 투자자 관계·기업설명 활동이다. IR 수행의 최우선 과제는 시장과의 지속적인 커뮤니케이션이다. 발행회사의 공모가격을 결정하는 가장 중요한 단계로, 기관투자자들을 직접 만나 일대일 미팅 또는 다대다 미팅을 진행한다.

국내 투자자를 대상으로 로드쇼를 진행하는데, 초기에는 기관투자자 CIO간담회를 개최해 분위기를 고조시킨다. 그리고 심도 있는 IR 메시지를 전달하기 위해 애널리스트 및 펀드매니저 간담회를 소규모로 다수 개최한다.

해외 투자자를 대상으로 IR을 진행할 때는 주관사의 현재 법인의 글로벌 네트워크를 활용해 마케팅을 적극적으로 진행한다. 주요 해

국내 및 해외 기관투자자 현황

투자자명	투자성향	투자자명	주요 투자금 조달지역
국민연금관리공단	장기	Vanguard Group	미국
삼성자산운용	중·장기	BlackRock	미국
한국투자신탁운용	장기	T Rowe Price Group	미국
신영자산운용	장기	FMR	미국
미래에셋자산운용	중·장기	State Street	미국
KB자산운용	장기	Allianze SE	유럽(독일)
NH아문디자산운용	중·장기	First Trust Advisors	미국
교보악사자산운용	중·장기	Franklin Resources	미국
키움투자자산운용	중·장기	Geode Capital Management	미국
신한BNP파리바자산운용	장기	Morgan Stanley	미국

＊자료: 미래에셋증권

외 투자자 지역은 홍콩, 싱가포르, 영국, 미국 등이다. NDR(None Deal Roadshow) 및 PDIE(Pre-Deal Investor Education)를 통해 관심도가 높다고 파악된 해외 기관투자자를 대상으로 IR을 집중적으로 진행한다.

PDIE란 주관사 애널리스트의 기관투자자를 대상으로 하는 사전교육을 뜻한다. 기관투자자 사전교육을 통해 해당 산업 및 회사에 대한 인지도를 제고시키려는 목적이다. 특히 유사 산업에 대한 수요가 높은 미국과 유럽의 투자자를 대상으로 IR을 진행해 관심도를 높인다.

공모금액이 5천억 원 이상일 경우에는 해외 투자자까지 그 대상 범위를 넓혀서 IR을 진행하는 경우가 많다. 때문에 대어급 IPO라면 해외 증권사와 국내 대형 증권사가 공동으로 주관하는 경우가 많다. 왜냐하면 유가증권시장에 상장하는 대형 딜이 필요한 경우에는 공모시 해외 투자자 참여 및 공모 물량의 소화가 필요하기 때문이다.

철저한 기업 실사가 바탕이 된 에퀴티 스토리(Equity Story)를 발굴하고 국내외 앵커(Anchor) 투자자를 발굴해 지속적인 에퀴티 스토리를 전달한다. 만약 IR을 참석하지 못한 투자자가 있거나 추가적인 질의사항을 요청한다면 컨퍼런스콜(Conference Call, 상장사가 기관투자가와 증권사 애널리스트 등을 대상으로 자사의 실적과 향후 전망을 설명하기 위해 여는 전화회의)을 통해 투자자 대응을 한다.

우리사주 청약도 일반투자자 청약보다 먼저 진행하므로 사전에 알아봐야 한다. 우리사주제도는 기업공개(IPO)나 유상증자시 발행주식의 20%를 자사 직원에게 우선 배정해 재산 증식의 기회를 주는 대표적인 기업 복지다.

직원들은 우리사주 매입을 위해 주식담보대출을 받을 수 있다. 한국증권금융을 통한 우리사주 담보대출 한도는 최고 3억 원이다. 직원들의 사명감과 의욕을 고취시키고자 활용하는 제도이다. 우리사주 소득공제는 400만 원 한도다. 배당이 발생할 때는 1,800만 원 이하 취득 시 비과세가 적용된다.

우리사주제도는 조합이다. 우리사주조합은 보수형과 안정형 투자자들이 많다. 보수형과 안정형 투자자들은 예금 또는 적금 수준의 기대수익률과 투자원금 손실을 최소화하기를 원하는 편이다. 보통은 이자나 배당소득 수준의 안정적인 투자를 목표로 한다.

주관사는 공모를 진행하기 전에 우리사주조합을 대상으로 사전교육을 실시한다. 교육 내용은 우리사주의 의미 및 상승 여력을 보유한

근로복지기본법 제34조	제34조(우리사주조합원의 자격 등) ① 우리사주제도 실시회사의 우리사주조합에 조합원으로 가입할 수 있는 근로자는 다음 각 호와 같다. 1. 우리사주제도 실시회사의 소속 근로자 2. 우리사주제도 실시회사가 대통령령으로 정하는 바에 따라 해당 발행주식 총수의 100 분의 50 이상의 소유를 통하여 지배하고 있는 주식회사(이하 '지배관계회사'라 한다)의 소속 근로자 또는 우리사주제도 실시회사로부터 도급받아 직전 연도 연간 총매출액의 100 분의 50 이상을 거래하는 주식회사(이하 후략)

* 자료: 한국증권금융

기업에 대한 가치를 부각하고 참여율을 극대화하는 것이다. 만약 실권주가 발생하면 기관투자자를 통해 잔여 물량을 흡수한다.

위 도표는 근로복지기본법에 명시된 우리사주 가입자격 조항이다. 이러한 일련의 과정을 통해 수요예측을 진행하고 기관투자자들로부터 공모참여 가능 가격과 수량을 접수한다.

공모가격을 높게 받으려면 발행회사와 매출 주주를 위해 공모자금을 극대화하고, 장기 우량 주주를 기반으로 우선 배정해야 한다. 그리고 강력한 포스트(Post) IPO 성과달성을 고려해서 최적의 공모가격을 달성하기 위한 전략을 수립한다.

공모가격 결정 시 고려해야 할 내용은 주문이 마감된 후 주관사는 초과 청약의 정도, 가격 민감도, 배정에 대한 기관투자자들의 기대, 포스트 IPO 주가 및 유통물량에 따른 주식의 수요와 공급을 분석한다. 그래서 발행회사와 가격 결정 논의시 공모자금을 극대화할 수 있는 공모가격을 제안한다.

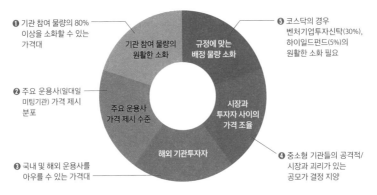

❶ 기관 참여 물량의 80% 이상을 소화할 수 있는 가격대

❷ 주요 운용사(일대일 미팅기관) 가격 제시 분포

❸ 국내 및 해외 운용사를 아우를 수 있는 가격대

❺ 코스닥의 경우 벤처기업투자신탁(30%), 하이일드펀드(5%)의 원활한 소화 필요

❹ 중소형 기관들의 공격적/시장과 괴리가 있는 공모가 결정 지양

기관 참여 물량의 원활한 소화

규정에 맞는 배정 물량 소화

주요 운용사 가격 제시 수준

시장과 투자자 사이의 가격 조율

해외 기관투자자

* 자료: 미래에셋증권

보통의 투자자들은 배정을 더 받으려고 과대 주문하는 경향이 있다. 그러므로 실제 수요의 정도와 더불어 투자자들의 질을 고려해야 한다. 일반적으로 연기금, 국부펀드(SWF), 대형 자산운용사는 자체적인 가격 결정 능력이 있고, 동시에 장기적인 투자 성향이 있기 때문에 1등 투자그룹으로 인식된다.

헤지펀드 및 중소형 자문사는 단기적인 트레이딩 관점에서 접근하는 사례가 많아서 2등 투자그룹으로 인식된다. 3등 투자그룹은 저축은행, 일반법인 등 가격 결정에 영향을 거의 못 미치는 투자자로 간주된다. 발행회사와 주관사가 공모가격에 합의하면 총액인수 계약서를 체결한다.

적정 공모가 결정을 위한 핵심 요소는 기관 참여 물량의 원활한 소화, 주요 운용사 가격 제시 수준, 해외 기관투자자, 시장과 투자자

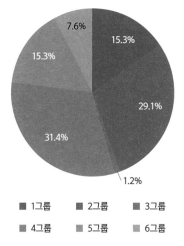

기관투자자 수요예측 현황

구분		기관수
그룹1	자산운용회사(펀드)	127
	연기금	2
그룹2	자산운용회사(고유)	110
	증권회사	9
	투자일임회사(일임)	47
	투자일임회사(고유)	60
	부동산신탁회사(고유)	1
	기타국내기관투자자	50
그룹3	상호저축은행	22
그룹4	해외기관투자자(GES)	67
그룹4	해외기관투자자(상임)	145
그룹5	고위험 고수익투자신탁(일반)	141
그룹6	벤처기업투자신탁(공모)	7
그룹6	벤처기업투자신탁(사모)	76
합계		864

* 자료: 미래에셋증권

사이의 가격 조율, 규정에 맞는 배정 물량 소화다.

위 그래프를 보면 864개 기관이 수요예측에 참여해 369:1의 경쟁률을 기록했다. 위 기업의 경우에는 산업의 성장성 및 정부 인허가에 따른 주력 제품의 매출 본격화를 기대했다. 그러나 관계사의 매출 의존도가 높아 수요예측 당시에 우려도 상존했다. 수요예측일 기간에 증시의 급격한 하락 및 관계사의 주가 급락이 발생하며 수요예측은 기대에 못 미쳤다. 다만 공모 후에 사업 계획을 달성하는 적극적인 모습과 추가로 외부 위탁생산 계약에 따른 추가 매출이 가시화될 부분을 어필했다.

상장 후 시장의 관심, 주가 관리 등 장기적인 안목을 고려하면 양

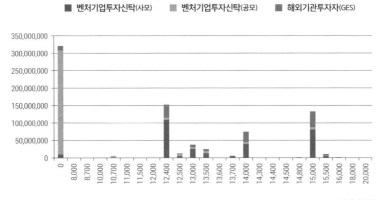

■ 벤처기업투자신탁(사모)　■ 벤처기업투자신탁(공모)　■ 해외기관투자자(GES)

* 단위: 원, 주
* 자료: 미래에셋증권

질의 우량 기관투자자 확보가 필수적이다. 주요 자산운용사를 대상으로 배정이 가능한 수준을 분석한 결과, 1만 2,400원으로 확정 공모가를 설정했다.

그러나 과거 유사기업의 수요예측 단순 경쟁률 평균이 774:1인 반면에 동사는 수요예측 단순 경쟁률이 평균 대비 낮다는 점은 상장 이후 주가 추이가 미진할 위험도 존재했다.

공모가격 결정 후에 진행되는 '배정'은 단순히 주식을 배분하는 과정이 아니다. 특정 기준에 따라 발행주식 배분이 이루어진다. 포스트 IPO를 대비해서 안정적인 주가 흐름과 우량한 주주를 구성하는 것이 중요하다. 배정 기준은 기관투자자의 중요도 그룹 선정, 의무보유확약(1~6개월), 주식운용규모(AUM), 해당 섹터 주식 보유 여부, NDR 참석 및 피드백 여부, 가격의 적극성이다. 주로 대형 자산운용사와 장기적인 투자 성향을 띠는 연기금에 많이 배정한다. 그리고 의무보유확약이 길수록 더 많이 배정한다.

주식운용 규모가 큰 기관투자자일수록 대형 물량을 소화할 수 있는 여력이 있으므로 운용 규모가 큰 운용사에 더 많이 배정한다. 이외에도 해당 섹터에 대한 전문성과 이해도가 높고, NDR(기업설명회 또는 투자설명회) 참석시 적극적인 피드백으로 해당 기업에 관심을 어필하며 가격을 높게 제시한 기관투자자에게 물량을 더 많이 배정한다. 이러한 과정을 거치면서 공모가격의 확정과 배정이 이루어진다.

일반투자자 청약 및 납입
—

기관투자자 청약이 마무리되면 기관투자자 청약률에 따라 일반투자자 청약이 진행된다. 공모주 청약을 하려면 우선 공모주 일정을 알아두어야 한다. 공모주 일정은 한국거래소, 38커뮤니케이션, 아이피오스탁 등에서 확인할 수 있다.

공모주 청약은 주관사 또는 인수 증권사를 통해서만 가능하다. 때문에 공모주 주관사 및 인수 증권사를 반드시 확인해야 한다. 증권사에 따라 계좌개설 당일에는 청약이 불가능한 경우도 있으므로 보통 공모 청약일 전날까지는 계좌개설을 하는 것이 좋다.

그다음은 청약증거금을 입금한다. 청약증거금은 청약을 하기 위해 계약금 형식으로 내는 돈으로, 부동산 청약과 유사하다. 만약 1천 주를 청약하고 싶다면 500주에 해당하는 금액을 계좌에 미리 넣어둬야 한다. 청약증거금은 목돈을 단기로 이용하는 것이기 때문에 마이너스 통장, 신용대출 등을 활용해서 마련하는 경우가 많다.

청약증거금을 납입하면 청약을 신청한다. 증권사마다 배정된 증권 수량이나 청약 한도가 다르기 때문에 미리 확인해야 한다. 배정 물량 중에서 절반은 균등배분 방식이 적용된다. 경쟁률에 따라 배정 수량이 달라지므로 증권사별 청약 경쟁률을 확인하고 신청하는 것이 좋다. 그래야 물량을 더 많이 받을 수 있다.

청약이 끝나면 경쟁률에 따라 공모주를 배정받는다. 이때 투자금에 따라 내가 원했던 수량보다 적게 받을 수도 있고, 아예 못 받는 경우도 있다.

청약이 안 된 투자금은 투자설명서에 명시된 납입기일에 환급받는다. 여기서 납입기일이란 공모주 청약을 통해 모은 자금이 기업에 들어가는 날을 말한다. 대부분 2~3일 이내에 환불금 환급이 이루어진다. 만약 마이너스통장으로 청약을 진행했는데 물량을 적게 받거나 받지 못한다면 이자만큼 손해가 날 수 있으니 유의해야 한다. 또한 대출 기간이 길어질수록 이자가 늘어나므로 납입기일과 상환일을 미리 체크해두어야 한다.

2021년부터 새로운 공모주 청약 방식이 적용되었다. 이전에는 증거금을 많이 낸 순서에 따라 전체 청약 물량이 나누어졌지만, 2021년부터는 개인투자자를 대상으로 배정된 물량 가운데 50%는 균등배정 방식이 적용된다. 균등배정 방식이란 금액에 상관없이 균등배분 물량에 한해서는 같은 수량의 주식을 받는 방식이다. 그 영향으로 공모주청약 열기가 뜨겁다.

공모주 배정 방식의 변화는 다음과 같다.

공모주 배정 방식

기존 배정 방식

비례배정
100%

개편된 배정 방식

비례배정
50% 이하

균등배정
50% 이상

* 개편된 공모주 배정 방식은 2021년 1월 공모주 청약분부터 적용함
* 자료: 치킨요정의 경제공부방

일반청약 배정제도 변경 내용 및 효과

항목	기존	변경(2021년)	효과
일반청약자 배정 방식 변경	• 청약증거금 기준 비례 방식	• 균등 방식 1/2 이상 • 비례 방식 1/2 이하	• 최소청약증거금 납입 시 일반청약자에게 동등 배정 기회 • 소액투자자 공모참여 증가
일반청약자 배정 물량 확대	• 총 공모주 물량의 20% 배분	• 우리사주조합 미달 물량 최대 5%, 하이일드펀드 우선 배정 물량의 5%를 일반청약자 물량으로 변경	• 일반청약자에게 배정비율 25% 이상 부여되어서 일반청약자의 청약 물량 증가
일반청약자 청약절차 개선	• 복수 주관사가 존재하는 공모주의 경우 중복청약 가능*	• 중복청약금지시스템 구축 (1인 1계좌만 청약 가능)	• 중복청약 금지로 소액투자자의 공모주 배정 기회 확대

* 중복청약은 중복청약 금지시스템 구축 및 자본시장법 시행령 개정 후 2021년 상반기 시행

코스피·코스닥 투자자별 공모주 배정 기준

코스피	기존		변경(2021년)	
	한도	배정	한도	배정
우리사주조합	20%	11%	20%	11%
일반투자자	20%	20%	25%	30%
			(5%p↑)	(5%p↑)
하이일드펀드	10%	10%	5%	5%
			(5%p↓)	
기관투자자	50%	59%	50%	54%
				(4%p↑)

코스닥	기존		변경(2021년)	
	한도	배정	한도	배정
우리사주조합	20%	5%	20%	5%
일반투자자	20%	20%	25%	30%
			(5%p↑)	(5%p↑)
하이일드펀드	10%	10%	5%	5%
			(5%p↓)	
코스닥 벤처펀드	30%	30%	30%	30%
기관투자자	20%	35%	20%	30%
				(10%p↑)

일반투자자 배정 물량이 1만 주, 청약자 수 총 5명, 공모가가 주당 1천 원이라고 가정해보자. 만약 기존의 방식인 비례배정 100%라면 배정 물량은 다음과 같다.

청약자	청약주식 수	청약증거금 (증거금 비율 50%)	배정주식 수 (청약 경쟁률 2.5:1)
A	1,000주	50만 원	400주
B	2,000주	100만 원	800주
C	4,000주	200만 원	1,600주
D	8,000주	400만 원	3,200주
E	10,000주	500만 원	4,000주
합계	25,000주	1,250만 원	10,000주

배정 물량은 1만 주이지만 5명의 청약자가 총 2만 5천 주를 청약했으므로, 청약 경쟁률은 2.5:1이다. 따라서 각각 청약한 주식 수를 청약 경쟁률로 나눈 값이 최종적인 배정주식 수가 된다. 비례배정 방식의 경우에는 투자한 청약증거금에 비례해 주식을 배정받는다.

새로 도입된 균등배정 방식을 적용하면 다음과 같다.

청약자	청약주식 수	청약증거금 (증거금 비율 50%)	배정주식 수	
			균등배정 5,000주	비례배정 5,000주 (청약 경쟁률 5:1)
A	1,000주	50만 원	1,000주	0주
B	2,000주	100만 원	1,000주	400주
C	4,000주	200만 원	1,000주	800주
D	8,000주	400만 원	1,000주	1,600주
E	10,000주	500만 원	1,000주	2,000주
합계	25,000주	1,250만 원	5,000주	4,800주

* A의 청약주식 수는 1천 주이고 균등배정으로 이미 1천 주를 받았으므로, 실제 비례배정으로 받는 주식은 200주다.

청약자가 총 5명, 균등배정 물량이 5천 주이므로 각각 1천 주씩 배정된다. 그리고 남은 5천 주는 청약 경쟁률에 따라 비례배정된다. 균등배정 방식의 도입 유무에 따라 배정되는 주식 수가 달라지는데, 이에 대해 정리해보자.

균등배정 방식 도입 전후 배정주식 수 비교

청약자	기존 방식 (비례배정 100%)	개편 방식 (비례배정 50%, 균등배정 50%)	기존 대비 증감
A	400주	1,000주	600주 증가
B	800주	1,400주	600주 증가
C	1,600주	1,800주	200주 증가
D	3,200주	2,600주	600주 감소
E	4,000주	3,000주	1,000주 감소

균등배정 방식이 도입된 후 청약금이 적었던 A, B, C는 더 많은 주식을 배정받았다. 반면에 청약증거금이 많았던 D, E는 주식을 더 적게 배정받았다. 결국 균등배정 방식은 청약증거금이 적은 소액투자자들에게 유리하다.

균등배정 방식을 활용한 공모주 청약은 투자금에 비해 청약주식을 많이 확보할 수 있다. 그리고 높은 기대수익률도 확보할 수 있다. 그러나 투자금 자체가 소액이므로 배정받을 수 있는 공모주 수량이 한정적이라는 한계가 있다.

일반청약 경쟁률을 높이기 위한 주관사의 전략을 살펴보자. 개인

투자자들의 공모시장 참여가 확대되면서 주관사는 일반투자자를 대상으로 별도의 마케팅 전략을 수립하고 있다. 2021년에 들어서면서 유통자금의 증가, 개인 직접투자 확대, 대형 IPO의 증가 등으로 개인투자자들은 신규상장기업에 관심을 두고 있다.

그러나 청약주식 수(청약증거금)에 비례해서 물량이 배정되므로 IPO 일반청약 경쟁률이 상승하면 청약증거금 부담 능력이 낮은 일반투자자의 참여 기회가 제한되었다.

개인투자자가 납입하는 청약증거금에 비해 배정 물량이 적다는 단점 때문에 일반청약 배정 제도가 변경되었다. 일반투자자 배정 물량이 20%에서 30%로 확대되면서 일반투자자 청약의 중요성이 높아졌다. 주관사는 이러한 변화를 감지하고 일반투자자와의 접촉 전략을 늘리는 방안을 수립하고 있다. 온·오프라인에서 일반투자자를 대상으로 마케팅을 진행하고 있다.

온라인에서는 유튜브 경제 TV뿐만 아니라 주관사 자체의 유튜브 채널을 활용해 공모주 마케팅을 진행하고 있다. 오프라인에서는 전통적으로 리테일 네트워크가 강한 주관사가 주요 거점 도시별로 IPO 설명회를 개최해 영업사원들의 이해도를 높인다. 그리고 일반투자자를 대상으로 IR을 개최해 일반투자자 청약 참여를 극대화한다.

또한 한국IR협의회에서는 일반투자자를 대상으로 대규모의 IR을 개최해 청약 참여도를 높인다. 다만 현재는 코로나19로 인해 화상회의 플랫폼을 통해 비대면으로 IR을 진행하고 있다.

일반투자자 청약을 진행할 때는 청약 경쟁률을 파악하고 공모주식 수를 많이 받기 위한 전략이 필요하다. 세부전략은 '3부 공모주 투자 시 절대수익 전략'에서 자세히 기술했으니 참고하길 바란다.

배정·환불

—

대표 주관회사는 청약이 마감되면 청약 결과를 집계한다. 이후 자체 배정 기준에 따라 주식을 배정한 다음, 청약 단위별 집계표, 청약자별 명세서 배정 내역 등을 판매대행 증권사에게 받는다. 서류와 자체 청약결과를 종합해서 이중 청약자를 검색하고, 각 판매대행 회사별 배정내역을 점검한다.

보통은 우리사주조합 20%, 일반투자자 20%, 고수익펀드 또는 기관투자자에게 잔여분을 배정한다. 이때 대표 주관회사는 발행회사 또는 인수회사의 이해관계인, 당해 공모와 관련해 발행회사 또는 인수회사에 용역을 제공하는 등 중대한 이해관계가 있는 자에 대해서는 공모 주식을 배정할 수 없다.

대표 주관회사는 공모 예정 주식을 초과해서 발행할 수 있는 초과배정옵션 제도를 이용하여 시장 상황에 따라 공모 규모를 조절할 수 있다.

대표 주관회사 및 판매 대행사는 배정주식 수가 확정되면 그 납입금액을 청약증거금에서 대체시키고, 초과 청약증거금은 청약자에게 환불해준다. 반대의 경우에는 미달 금액을 추가로 납입하고, 미납입된 청약분은 인수회사가 자기의 계산으로 인수한다. 청약 마감 2거래일 후 배정 물량 확정과 환불이 이루어진다.

상장신청 및 매매개시

—

청약 및 납입이 마무리되면 증시 상장 문턱까지 간 셈이다. 상장예비심사 청구 승인 이후에 증권신고서를 제출한다. 효력이 발생하고 상장신청 및 매매개시까지는 3~4주가 소요된다. 공모를 마친 기업은 상장신청 및 매매개시를 위해 한국거래소에 신규상장신청서를 제출한다.

거래소는 주식 분산 요건 등 상장예비심사 시에 확인되지 않은 사항과 명의개서 대행계약 체결 사실, 예탁자 계좌 기재 사실, 주금납입 등을 확인한다. 또한 신규상장 심사 시점을 기준으로 상장요건 충족 여부를 재검토한다. 상장신청 기업의 영업과 경영환경에 중대한 변화가 발생하지 않았다면, 공모를 통한 주식 분산 요건 충족 여부만 추가로 확인한다.

거래소는 상장신청서를 접수한 후 일주일 이내에 신규상장 신청 법인 및 관계 기관에 상장 승인 여부를 알린다. 보통 상장을 준비한 기업은 거래소로부터 두 번의 심사를 받는다. 상장예비심사는 상장 자격에 대한 심사다. 신규상장 심사는 분산 요건, 시가총액 요건 등의 충족 여부를 심사한다. 신규상장 신청은 상장예비심사 승인 후 짧으면 6주, 길면 6개월이 소요된다. 증시가 급변하는 등 예외적인 사유로 거래소로부터 상장심사 승인 효력을 1년간 연장할 수 있다. 신규상장 시기는 상장예비심사 승인기업이 기한 내에서 자율적으로 결정할 수 있다.

거래소는 신규상장일의 기준가격을 결정하기 위해 신규상장 당일 오전 8시 30분부터 오전 9시까지 매수·매도 호가를 접수한다. 투자자는 기준가격 결정을 위한 호가 접수 시간에 거래소가 정하는 가격을 기준으로 90~200% 범위에서 매수 또는 매도 호가를 제출할 수 있다. 호가 제출가능 가격은 거래소의 홈페이지나 언론 등을 통해서 사전에 공시된다. 9시 이후에는 결정된 기준가격에서 가격제한폭(-30%~ +30%) 범위까지 복수가격에 의한 개별경쟁 매매방식에 의해 거래된다. 상장신청서 제출 후 약 5영업일 이내에 매매개시가 되는 경우가 많다.

PART 03 ▸ ▸ ▸

3부는 공모주 물량을 많이 받는 방법 7가지, 공모주 투자 수익을 높이는 방법 2가지, 의무보유확약과 공모주 주가의 상관관계, 인기 있는 공모주 찾는 방법, 투자설명서를 통한 공모주 위험 분석, 공모주 투자 전 체크리스트 등 총 6개의 카테고리로 구성되어 있다. 공모주 투자 배분 방식의 변화, 증권사 선정, 경쟁률 분석, 간접투자상품 활용 등 개인투자자가 활용할 수 있는 이점을 상세히 분석해 제시했다. 공모주 투자의 효율성·수익성을 높이는 데 유용한 전략을 담았다.

공모주 투자 시
절대수익 전략

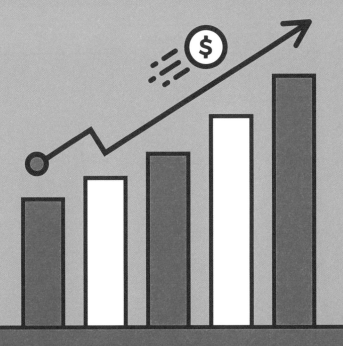

공모주 물량을
많이 받는 방법

공모주 청약 이해하기

—

공모주 청약 방식에는 2가지가 있다. 바로 균등배분 방식과 비례배분 방식이다. 2020년까지만 해도 비례배분 방식으로 진행되었다. 그러다가 2021년부터 균등배분 방식이 도입되면서 공모주 총 발행 규모에서 비례배분 50% 이하, 균등배분 50% 이상으로 진행되고 있다. 우리사주 배정 물량이 20%에 미달하면 5% 한도로 일반투자자에게 배정할 수 있다. 일반투자자는 최대 30%까지 받을 수 있다.

균등배정 방식은 일반물량의 50% 이상이다. 청약에 참여한 일반투자자 모두에게 '동일한 수의 주식'을 배정한다. 이는 모든 투자자에게 1주 이상을 배정하기 때문에 '공모'의 취지를 살리는 셈이다. 비례 배정 방식은 일반물량의 50% 이하다. 기존 IPO 일반투자자 배정 방식으로, 일반투자자의 '청약 수량에 비례'해서 주식을 배정한다. 공모가 매우 흥행할 경우에는 1주도 받지 못하는 사례가 생길 수 있다.

공모주를 청약하려면 해당 증권사에 계좌가 있어야 한다. 대부분은 청약일 개시 전에 개설된 계좌에 한해서 자격을 받을 수 있다. 다만 제휴은행 개설 위탁계좌 등은 청약이 제한되므로 미리 준비하는 것이 좋다.

계좌를 만들었다면 청약증거금을 넣는다. 청약증거금은 청약을 하기 위해 내는 계약금 형식의 돈으로, 청약 금액의 50%다. 만약 공모가가 1만 원이고 100주를 청약하고 싶다면 50주에 해당하는 금액인 50만 원을 청약증거금으로 계좌에 넣어두어야 한다.

공모주 투자하기
—

● **투자금 확보**

사람들은 공모주 청약을 보통 단기 투자로 접근한다. 높은 경쟁률 때문에 투자금의 일부만 공모주 청약에 당첨되고, 남은 금액은 2~3일 이내에 계좌로 환급해준다.

공모주를 많이 받으려면 단기 자금을 활용하는 것이 좋다. 예를 들어 대출이자를 일일 정산하는 마이너스통장이나 중도상환수수료가 없는 주식담보대출 등을 활용하는 것이다. 그래야 레버리지 효과를 얻을 수 있다. 때로는 억대 이상의 투자금을 공모주에 투자하는 경우도 있다. 투자금을 이체할 때 일일 이체한도를 초과할 수 있으므로, 미리 계좌 이체한도를 증액해두는 것도 좋은 방법이다.

● **낮은 경쟁률의 증권사 선정하기**

공모주 물량을 많이 받으려면 기본적으로 배정 물량이 많은 증권사를 선택하는 것이 중요하다. 그런데 이보다 더 중요한 것이 있다. 바로 경쟁률이다. 배정 물량이 많아도 경쟁률이 높으면 적은 물량을 받기 때문이다.

만약 100주를 받기 위해서 청약증거금 100만 원을 넣었다 해도 경쟁률이 100:1이면 배당은 1주만 받는다. 반면에 배당 물량이 적어도 경쟁률이 50:1이면 2주를 배정받는다.

마감시간 전까지 각 증권사 홈페이지에서 공모주 경쟁률을 확인할 수 있다. 공모 마지막 날에 증권사별로 청약 경쟁률을 확인하면서 청약을 한다. 공모주의 청약 경쟁률은 공모주 청약화면에서 실시간으로 확인할 수 있다. 마감시간 직전까지 눈치 싸움을 하다가 경쟁률이 낮은 증권사로 청약하는 것도 좋은 방법이다.

● **청약단위 및 청약한도 확인**

증권사마다 배정되는 공모주 주식 수가 다르다. 따라서 개인별 청약한도, 청약단위에도 차이가 있다. A증권사 1천 주, B증권사 500주로 청약단위를 설정한다면 1,900주를 청약하고 싶어도 1,500주밖에 안 된다. 이 경우에는 다른 증권사에 중복청약이 가능하다면 청약수량을 전략적으로 계산해서 청약단위를 최대한 많이 설정해야 한다. 2021년 6월 19일부터 중복청약이 불가하므로 이제는 여러 증권사에 중복청약을 할 수 없다.

● **우대 청약자격 조건 확인**

우대 청약자격 조건에 만족할 경우에는 일반 청약한도의 0.5~3배까지 청약이 가능하다. 해당 증권사의 우대 청약조건에 만족하는지 확인한 다음, 추가 청약물량을 받아오는 전략을 활용해보자.

한국투자증권 청약한도 우대고객 조건

| 청약한도 우대고객 조건 (평잔 산정기준 안내) | • 최고 우대(300%)
  - 청약일 전월 기준, 아래 2가지 요건을 모두 갖춘 고객
   ① 청약일 직전월 3개월 자산 평잔 1억 원 이상
   ② 청약일 전월 말일 잔고 5억 원 이상

• 우대(200%)
  - 청약일 현재 또는 전월 말일 기준 골드등급 이상 고객(거래실적에 따라 추후 변동가능)
  - 청약일 기준 당사 퇴직연금(DB형, DC형, IRP계좌) 가입고객
   단 IRP계좌는 청약일까지 1천만 원 이상 입금한 고객에 한하며, 해지계좌 및 입금대기계좌는 제외(입금대기계좌란 퇴직연금계좌 입금시 확인필요서류 미제출 등의 입금대기 사유로 입금완료 처리가 불가한 계좌)
  - 청약일 전월 말일 기준, 연금상품 펀드매입결제금액이 1천만 원 이상인 고객(개인연금펀드, 신연금펀드, 연금저축계좌를 모두 포함하며 계좌별 금액 합산. 단 연금저축계좌의 MMF, ETF 및 퇴직연금, IRP 계좌는 제외)
  - 청약일 직전월 3개월 자산 평잔 5천만 원 이상 갖춘 고객
  - 청약일 직전월 3개월 주식약정(채권/해외주식매매는 제외) 1억 원 이상

• 일반(100%)
  - 청약일 직전월 3개월 주식약정(채권/해외주식매매는 제외) 3천만 원 이상
  - 청약일 직전월 3개월 자산 평잔 3천만 원 이상

• 온라인(50%)
  - 일반 및 우대에 해당하지 않는 고객 |

* 자료: 한국투자증권

86페이지 도표는 한국투자증권 청약한도 우대고객 조건이다. 증권사별로 차이가 있으므로 미리 우대고객 조건을 검토해보는 것이 좋다.

펀드 활용하기

—

● 코스닥 벤처기업 투자신탁(펀드) 활용

코스닥 벤처펀드는 벤처기업 신주에 15% 이상, 벤처기업 또는 벤처기업 해제 후 7년 이내 코스닥시장에 상장한 중소·중견기업의 신주 및 구주에 35% 이상을 투자하는 펀드로, 누구나 투자할 수 있다.

코스닥 벤처펀드는 코스닥 공모주의 30%를 우선 배정 받을 수 있다. 코스닥 공모주 배정은 우리사주조합 20%, 일반투자자 20%, 하이일드펀드 10%, 기관투자 20%, 코스닥 벤처펀드 30%씩 배정된다. 공모·사모펀드 구분 없이 투자금의 10%까지 최대 300만 원 한도에서

코스닥 벤처펀드 세제 혜택

종합소득금액(과세표준)	소득세율(지방소득세 포함)	세제 혜택(소득공제 효과)
1,200만 원 이하	6.6%	198,000원
1,200만 원 초과~4,600만 원 이하	16.5%	495,000원
4,600만 원 초과~8,800만 원 이하	26.4%	792,000원
8,800만 원 초과~1억 5,000만 원 이하	38.5%	1,155,000원
1억 5,000만 원 초과~5억 원 이하	41.8%	1,254,000원
5억 원 초과	44%	1,320,000원

* 자료: 신한금융투자

소득공제를 받을 수 있다. 다만 소득공제를 적용받기 위한 계약기간은 3년 이상이고, 3년이 지나기 전에 환매·상환하면 소득금액에 해당하는 세액이 추징될 수 있다. 따라서 소득공제 혜택을 받으려면 펀드를 3년간 유지해야 한다.

코스닥 벤처펀드는 기관투자자 자격으로 공모주 청약에 참여해서 수익을 올리는 펀드다. 개인투자자보다 기관투자자가 공모주 물량을 받는 데 유리하다는 장점이 있다. 투자자는 증거금을 많이 모을 필요 없이 소액으로도 가입할 수 있다. 개인투자자는 코스닥 벤처펀드 간접투자를 활용해서 공모주 투자를 늘릴 수 있다.

● **하이일드펀드 활용**

하이일드펀드(High-Yield Fund)는 수익률은 매우 높지만 신용도가 낮은 투기등급 채권(하이일드 채권)에 집중적으로 투자하는 것이므로 고수익·고위험 펀드다. 하이일드펀드는 만기까지 중도 환매가 불가능한 폐쇄형 펀드다.

자산의 50% 이상을 신용등급 BB+ 이하인 투기등급채권과 B+ 이하의 기업어음(CP)에 투자한다. 나머지는 국채 등 투자적격 채권 및 주식, 유동성자산 등에 투자한다. 주식의 비중을 30%까지 보유할 수 있지만, 투자신탁회사(이하 '투신사')들이 공모주 위주로 주식편입 비중을 매우 낮게 운용하고 있어서 사실상 공사채형 펀드(채권을 중심으로 투자·운용하는 펀드)로 간주된다.

하이일드펀드는 공모주 우선 배정 혜택과 원금의 일정한 범위에

공모주 배정 방식 개선

구분	코스피 기존 한도	코스피 기존 배정	코스피 변경 한도	코스피 변경 배정
우리사주조합	20%	11%	20%	11%
일반투자자	20%	20%	25% (5%p↓)	30% (5%p↑)
하이일드펀드	10%	10%	5% (5%p↓)	5%
기관투자자	50%	59%	50%	54% (4%p↑)

구분	코스닥 기존 한도	코스닥 기존 배정	코스닥 변경 한도	코스닥 변경 배정
우리사주조합	20%	5%	20%	5%
일반투자자	20%	20%	25% (5%p↑)	30% (5%↑)
하이일드펀드	10%	10%	5% (5%p↓)	5%
코스닥 벤처펀드	30%	30%	30%	30%
기관투자자	20%	35%	20%	30% (10%p↑)

* 자료: 금융위원회

서 손실이 발생하면 투신사 또는 판매사가 이를 보전해준다. 공모주 우선 배정 혜택은 2014년 분리과세 혜택과 함께 신설되었다. 분리과세는 2017년 말에 일몰되었으나, 지난해 말 일몰 예정이었던 공모주 우선 배정은 2023년까지 기간이 연장되었다. 이로 인해 향후 3년간 추가적인 수익률을 기대할 수 있다.

하이일드펀드를 투자 수단으로 활용할 것이라면 금리 분석을 해야 한다. 높은 수익률을 제공하는 반면에 발행 기업이 도산할 위험이 있어서다. 하이일드펀드에 투자할 때는 가능한 경기회복기에 투자하는 것이 바람직하다.

경기회복기에는 전반적으로 기업부도율이 떨어지므로 투자위험이 줄어든다. 그리고 투자한 기업의 채권가격도 상승하기 때문에 효율이 높다. 개인투자자가 공모주 물량을 많이 받고자 할 때 투자 수단으로 활용할 수 있다.

● 일반 공모주펀드 활용

공모주펀드는 기관투자자의 자격으로 청약에 참여할 수 있어서 개인투자자의 투자 대안상품으로 떠올랐다. 일반 공모주펀드는 10~30%의 공모주, 이외는 국공채 또는 신용등급 AA 이상 채권에 편입하여 채권 투자에 따른 안정성을 확보하고, 일부는 공모주에 편입하여 추가 수익을 추구한다.

코스닥 벤처펀드, 하이일드펀드는 각각 5%와 30%가 공모주 우선 배정이지만, 일반 공모주펀드는 우선 배정이 아니다. 공모주펀드는 청약금액의 50%를 납입할 의무가 없고, 취득한 주식의 매도 시점을 고민하지 않아도 된다는 장점이 있다.

공모주 투자 수익을
높이는 방법

투자 수익을 높이는 방법

—

2021년도 따상에 성공한 공모주는 상장 이후에 수익률 편차가 크게 벌어지는 것으로 나타났다. 이 중에서 86.4%에 달하는 IPO 기업이 밴드 상단 이상에서 공모가를 결정했다. IPO에 나선 발행사 대부분이 1000:1 이상의 수요예측 경쟁률과 일반청약 경쟁률을 기록했다.

2021년 12월 30일까지의 통계에 따르면 코넥스, 스팩, 리츠를 제외한 유가증권시장 및 코스닥시장에 신규상장한 기업은 총 78개 기업이다. 31개 기업은 공모가의 2배로 시초가가 형성되었고, 이 중에서 12개 기업이 따상을 기록했다. 상장 기업 대비 따상률은 15.4%, 공모가 2배 상승률은 39.7% 수준이었다.

2020년 하반기부터 '따상 현상'을 주도했던 일반투자자에 이어 2021년부터 기관투자자까지 높은 수익률을 쫓아 공모주를 받으려고 혈안이 되었다. 10월 이후 본격적인 금리 인상기를 마주하면서 투심이 한풀 꺾였지만, 공모주 수익률은 여전히 높다.

다음 도표는 2021년 1월부터 12월까지 상장한 기업의 공모가·시초가·3영업일 종가 수익률 데이터를 보여준다.

No	종목명	업종	상장일	공모가(A)	시초가(B)	(B/A)	상장 후 3영업일 종가(C)	(C/A)	비고
1	솔루엠	전자부품 제조	'20.02.02	17,000	34,000	100.0	26,050	53.2	공모가 대비 2배
2	프레스티지 바이오파마	자연과학 및 공학 R&D	'20.02.25	32,000	28,800	(10.0)	50,000	56.3	
4	SK바이오 사이언스	기초 의약물질 및 생물학적 제제 제조	'20.03.18	65,000	130,000	100.0	144,000	121.5	공모가 대비 2배 /따상
5	SK아이이 테크놀로지	전지 제조	'20.05.11	105,000	210,000	100.0	144,000	37.1	공모가 대비 2배
6	에스디 바이오센서	의료용기기 제조	'21.07.16	52,000	57,000	9.6	58,400	12.3	
7	카카오뱅크	은행	'21.08.06	39,000	53,700	37.7	71,400	83.1	
8	크래프톤	소프트웨어 개발 및 공급업	'21.08.10	498,000	448,500	(10.0)	406,000	(18.5)	
9	한컴라이프 케어	의료용 기기 제조업	'21.08.17	13,700	16,050	17.2	13,100	(04.4)	
10	롯데렌탈	운송장비 임대업	'21.08.19	59,000	57,500	(2.5)	50,400	(14.6)	

유가증권시장

No	종목명	업종	상장일	공모가(A)	시초가(B)	(B/A)	상장 후 3영업일 종가(C)	(C/A)	비고
11	아주스틸	1차 철강 제조업	'21.08.20	15,100	30,200	100.0	32,500	115.2	공모가 대비 2배
12	일진하이솔루스	그 외 기타 운송장비 제조업	'21.09.01	34,300	68,600	100.0	89,400	160.6	공모가 대비 2배/따상
13	현대중공업	선박 및 보트 건조업	'21.09.17	60,000	111,000	85.0	99,200	65.3	
14	케이카	자동차 판매업	'21.10.13	25,000	22,500	(10.0)	24,700	(0.1)	
15	카카오페이	금융 지원 서비스업	'21.11.03	90,000	180,000	100.0	170,000	88.9	공모가 대비 2배
	평균			51,667	85,583	47.8	98,510	50.3	

* 스팩상장. 이전상장, 재상장 제외

코스닥시장

No	종목명	업종	상장일	공모가(A)	시초가(B)	(B/A)	상장 후 3영업일 종가(C)	(C/A)	비고
1	엔비티	광고	'21.01.21	19,000	38,000	100.0	34,800	83.2	공모가 대비 2배
2	선진뷰티사이언스	기타 화학제품 제조	'21.01.27	11,500	23,000	100.0	27,050	135.2	공모가 대비 2배/따상
3	씨앤투스성진	기타 섬유제품 제조	'21.01.28	32,000	31,700	(0.9)	8,097	(74.7)	
4	모비릭스	소프트웨어 개발 및 공급	'21.01.28	14,000	28,000	100.0	32,050	128.9	공모가 대비 2배
5	핑거	소프트웨어 개발 및 공급	'21.01.29	16,000	32,000	100.0	26,450	65.3	공모가 대비 2배
6	와이더플래닛	소프트웨어 개발 및 공급	'21.02.03	16,000	24,900	55.6	19,000	18.7	
7	레인보우로보틱스	특수 목적용 기계 제조	'21.02.03	10,000	20,000	100.0	29,750	197.5	공모가 대비 2배/따상
8	아이퀘스트	소프트웨어 개발 및 공급	'21.02.05	11,000	22,000	100.0	23,750	115.9	공모가 대비 2배

9	오로스 테크놀로지	특수 목적용 기계 제조	'21.02.24	21,000	42,000	100.0	42,900	104.3	공모가 대비 2배/따상
10	유일 에너테크	특수 목적용 기계 제조	'21.02.25	16,000	32,000	100.0	26,050	62.8	
11	뷰노	인터넷 정보 서비스	'21.02.26	21,000	32,900	56.7	29,500	40.5	
12	나노 씨엠에스	전자부품 제조	'21.03.09	20,000	33,000	65.0	22,300	11.5	
13	프레스티지 바이오 로직스	의약품 제조	'21.03.11	12,400	12,100	(2.4)	12,550	1.21	
14	싸이버원	소프트웨어 개발 및 공급	'21.03.11	9,500	18,000	89.5	20,000	110.5	
15	바이오다인	의료용 기기 제조	'21.03.17	30,000	40,000	33.3	66,300	121.0	
16	라이프 시맨틱스	소프트웨어 개발 및 공급	'21.03.23	12,500	25,000	100.0	15,650	25.2	공모가 대비 2배
17	제노코	통신 및 방송 장비 제조	'21.03.24	36,000	65,000	80.6	20,783	(42.3)	
18	자이언트 스텝	영화, 비디오물 등 제작 및 배급	'21.03.24	11,000	22,200	100.0	18,206	65.51	공모가 대비 2배/따상
19	엔시스	기타 전기장비 제조	'21.04.01	19,000	38,000	100.0	27,800	46.3	공모가 대비 2배
20	이삭 엔지니어링	SI 및 관리	'21.04.21	11,500	23,000	100.0	22,900	99.1	공모가 대비 2배
21	쿠콘	기타 정보 서비스	'21.04.28	45,000	80,000	77.8	47,064	4.6	
22	에이치피오	기타 식품 제조	'21.05.14	22,200	20,000	(10.0)	18,100	(18.5)	
23	씨앤씨 인터내셔널	기타 화학제품 제조	'21.05.17	47,500	47,250	(0.5)	27,430	(42.3)	
24	샘씨엔에스	전자부품 제조	'21.05.20	6,500	6,400	(1.5)	8,090	24.4	
25	삼영 에스앤씨	전자부품 제조	'21.05.21	11,000	22,000	100.0	16,500	50.0	공모가 대비 2배/따상
26	진시스템	의료용 기기 제조	'21.05.26	20,000	19,100	(4.5)	17,500	(12.5)	
27	제주맥주	알코올음료 제조	'21.05.26	3,200	4,780	49.4	4,980	55.6	

28	에이디엠 코리아	자연과학 및 공학 R&D	'21.06.03	3,800	7.600	100.0	8,660	127.9	공모가 대비 2배 /따상
29	엘비루셈	반도체 제조	'21.06.11	14,000	18,000	28.6	14,300	2.1	
30	이노뎁	소프트웨어 개발 및 공급	'21.06.18	18,000	22,200	23.3	16,800	(6.7)	
31	아모센스	전자부품 제조	'21.06.25	12,400	12,250	(1.2)	15,800	27.4	
32	오비고	SI 및 관리	'21.07.13	14,300	19,200	34.3	18,450	29.0	
33	큐라클	자연과학 및 공학 R&D	'21.07.22	25,000	36,500	46.0	31,550	26.2	
34	맥스트	소프트웨어 개발 및 공급	'21.07.27	15,000	30,000	100.0	65,900	339.3	공모가 대비 2배 /따상
35	HK이노엔	의약품 제조업	'21.08.09	59,000	68,100	15.4	64,600	9.5	
36	원티드랩	소프트웨어 개발 및 공급	'21.08.11	35,000	35,000	0	37,000	5.7	
37	플래티어	소프트웨어 개발 및 공급	'21.08.12	11,000	22,000	100.0	27,100	146.4	공모가 대비 2배 /따상
38	딥노이드	소프트웨어 개발 및 공급	'21.08.17	42,000	36,000	(14.3)	24,100	(42.6)	
39	브레인즈 컴퍼니	소프트웨어 개발 및 공급	'21.08.19	25,000	50,000	100.0	50,000	100.0	공모가 대비 2배 /따상
40	바이젠셀	자연과학 및 공 학 연구개발업	'21.08.25	52,700	73,500	39.5	59,900	13.7	
41	와이엠텍	전동기, 발전기 및 전기변환· 공급·제어장치 제조업	'21.09.10	28,000	56,000	100.0	44,900	60.4	공모가 대비 2배
42	바이오 플러스	기초 의약물질 및 생물학적 제제 제조업	'21.09.27	31,500	39,500	25.4	30,400	(3.5)	
43	프롬바이오	기타 식품 제조업	'21.09.28	18,000	19,250	6.9	16,400	(8.9)	
44	실리콘투	상품 종합 도매업	'21.09.29	27,200	38,500	41.6	23,800	(12.5)	
45	원준	특수 목적용 기계 제조업	'21.10.07	65,000	102,000	56.9	78,500	20.8	
46	아스플로	일반 목적용 기계 제조업	'21.10.07	25,000	36,000	44.0	24,700	(1.2)	공모가 대비 2배

47	씨유테크	전자부품 제조업	'21.10.08	6,000	12,000	100.0	7,750	29.2	
48	지아이텍	특수 목적용 기계 제조업	'21.10.21	14,000	28,000	100.0	31,500	125.0	공모가 대비 2배 /따상
49	차백신 연구소	자연과학 및 공학 연구개발업	'21.10.22	11,000	11,700	6.4	11,900	8.2	
50	아이패밀리 에스씨	기타 화학제품 제조업	'21.10.28	25,000	28,650	14.6	21,800	-12.8	
51	지앤비에스 엔지니어링	특수 목적용 기계 제조업	'21.10.29	17,400	24,000	37.9	17,200	-1.2	
52	리파인	기타 정보 서비스업	'21.10.29	21,000	18,900	(10.0)	14,850	(29.2)	
53	엔켐	기초 화학물질 제조업	'21.11.01	42,000	81,600	94.29	89,000	111.9	
54	피코그램	그외 기타 제품 제조업	'21.11.03	12,500	25,000	100.0	16,000	28.0	
55	지니너스	자연과학 및 공학 연구개발업	'21.11.08	20,000	18,000	(10.0)	12,150	(39.3)	
56	디어유	소프트웨어 개발 및 공급	'21.11.10	26,000	52,000	100.0	64,200	146.9	공모가 대비 2배
57	비트나인	소프트웨어 개발 및 공급	'21.11.10	11,000	15,250	38.6	11,050	0.5	
58	아이티 아이즈	소프트웨어 개발 및 공급	'21.11.11	14,300	28,600	100.0	19,400	35.7	공모가 대비 2배
59	지오 엘리먼트	전자부품 제조업	'21.11.11	10,000	20,000	100.0	26,800	168.0	공모가 대비 2배
60	트윔	소프트웨어 개발 및 공급	'21.11.17	22,000	44,000	100.0	38,450	74.8	공모가 대비 2배
61	알비더블유	오디오물 출판 및 원판 녹음업	'21.11.22	21,400	42,800	100.0	40,450	89.0	공모가 대비 2배
62	마인즈랩	소프트웨어 개발 및 공급	'21.11.23	30,000	29,650	(1.2)	34,850	16.2	
63	다올인 베스트먼트	기타 금융업	'21.12.16	5,800	6,030	4.0	5,530	(4.7)	
	평균			17,862	27,879	57.3	28,274	46.9	

* 스팩상장. 이전상장, 재상장 제외

오버행은 주식시장에서 매물로 쏟아질 수 있는 잠재적인 물량을 뜻한다. 기간의 불확실성 이슈를 줄이기 위해서 단기 매매를 하는 것이 공모주 투자 수익을 높이는 방법이다. 상장일 시초가에 매도할 경우 수익률은 유가증권시장 47.8%, 코스닥시장 57.3%의 수익률을 보였다. 만약 상장 후 3영업일 종가에 매도할 경우 수익률은 유가증권시장 50.3%, 코스닥시장 46.9% 수익률을 기록했다.

2021년 12월 30일까지 보유했을 때 50.9%의 수익률을 기록했다. 단기간에 매도했을 때보다 수익률 편차가 있었지만, 시장에 대한 기간의 불확실성과 오버행 이슈가 존재하기 때문에 변동성 리스크가 발생할 가능성이 높다. 이를 줄이려면 단기 매매를 하는 것이 공모주 투자 수익을 높이는 방법이다.

최근 IPO 시장이 과열되면서 공모가가 높아질수록 발행회사는 유리하고 투자자가 수익을 남길 여지는 줄어든다. 따라서 공모주 투자에 대한 눈높이를 낮추는 것이 필요하다.

공모가가 적정 수준보다 높게 결정되었다면 상장 이후 주가가 하락할 수 있다. 때문에 투자설명서에 기재된 기업 실적, 사업 계획, 의무보유확약 비율 및 기간, 수요예측 경쟁률, 청약 경쟁률 등을 확인하고 투자해야 한다. 만약 직접투자가 어렵다면 간접투자 방식도 생각해볼 수 있다.

공모주 투자에는 직접투자와 간접투자 방식이 있다. 직접투자는 개인이 직접 공모주 청약을 하는 방식이고, 간접투자는 펀드 등을 활용한 기관투자자 일임 투자 방식이다.

공모주 직접투자

—

공모주 직접투자를 할 때는 다음 5가지를 확인하고 투자를 한다.

① 의무보유확약 비율

② 공모밴드상 공모가의 위치

③ 기관 및 개인 청약 경쟁률

④ 우리사주조합 분위기

⑤ 공모주 중 신주의 비율

⑥ 증시 분위기

①, ③, ④번은 106페이지 '인기 있는 공모주를 찾는 방법'을 참고하길 바란다.

공모가 상단에 위치한 경우는 기관투자자가 수요예측에 높은 가격을 제시한 것이다. 따라서 해당 기업의 인기를 엿볼 수 있다. 다만 공모가가 높더라도 의무보유확약 비율, 개인 및 기관 청약 경쟁률이 낮을 때는 조심해야 한다.

이때 단기적으로 상승하는 경향이 있기 때문이다. 또한 공모가 밴드가 하단에 위치한 경우 의무보유확약 비율이 높고, 개인 및 기관 청약 경쟁률이 높을 때에도 상승할 수 있다.

공모주는 가급적이면 상장 당일 또는 3일 이내로 수익을 실현하는 것이 좋다. 최근 공모주 주가 패턴을 보면 3일 내로 고점을 형성하는 경우가 많았다. 또한 자신이 잘 모르는 종목에 투자할 수도 있기 때문에 가급적이면 빠르게 매도하는 것이 좋다.

공모주는 신주의 비율이 낮을수록 좋다. 일반적으로 공모주 모집에 신주모집과 구주매출이 있다. 구주매출이란 대주주 또는 기관투자자가 이미 보유하고 있는 주식지분 중 일부를 매각하는 행위다. 구주매출은 발행주식 수가 증가하는 것이 아니기 때문에 주식 수의 영향을 받지 않는다. 다만 대주주의 지분 매각시 경영권 안정성 이슈가 있으므로 공모 후 지분율을 체크해야 한다.

공모 후에 대주주의 지분은 30~40%가 적당하며, 우호 지분을 합산해서 50%가 넘으면 안정적인 지분율을 보유한 기업이라고 평가한다. 신주의 비율이 높으면 발행주식 수가 증가해 자기자본이 높아진다. 회사의 자기자본이 높아지는 것은 재무 안정성 면에서는 좋지만 수익성 측면에서는 부담이 될 수 있다. 자기자본이익률(ROE)이 낮아질 수 있기 때문이다. 그래도 신주발행으로 공모자금이 들어온다는 것은 기업이 공모자금을 활용해 성장할 기회를 가질 수 있어서 시장에서는 좋은 신호로 보는 편이다.

증시 분위기도 살펴봐야 한다. 2022년부터 금리 인상이 본격적으로 나타나면 공모주 시장에도 영향이 있을 것으로 보인다. 공모주 시장도 거시경제 시장과 밀접한 연관이 있으므로 시장 흐름을 파악해야 한다. 전반적인 산업 환경, 이익의 기대 성장률 등을 종합적으로 고려했을 때 중장기적으로 성장할 거라는 판단이 든다면 조금 더 길게 가져가도 괜찮다.

공모주 간접투자

—

일반투자자는 공모주 청약 과정에서 여러 걸림돌을 겪을 수 있다. 그 이유는 무엇일까?

첫째, 인기 있는 공모주는 보통 수백 대 일이 넘을 만큼 경쟁률이 높아서 배정받을 수 있는 주식 수가 많지 않다. 둘째, 공모하는 주식에 따라 주관 증권회사가 계속 달라지기 때문에 매번 다른 증권회사로 자금을 이체하면서 공모주 청약을 해야 한다. 2021년 공모주 개정안이 시행되면서 중복청약이 어려워졌다. 셋째, 공모주 청약으로 취득한 주식을 언제 매도해야 할지, 시점을 판단하는 것이 어렵다.

이때 걸림돌을 해결할 수 있는 가장 좋은 방법이 있다. 바로 공모주펀드를 활용하는 것이다. 공모주펀드란 기관투자자 자격으로 공모주 청약에 참여해서 수익을 올리는 것이므로 공모주 직접투자에 대한 부담을 덜어낼 수 있다. 기관투자자의 몫으로 배정되는 공모주 물량은 개인투자자에게 배정된 물량보다 더 많기 때문에 물량 확보 측면에서 유리하다.

또한 개인 자격으로 청약에 참여할 때는 청약증거금 50%를 납입해야 하지만, 기관투자자는 별도의 증거금을 내지 않는다. 수요예측에 따라 실제 공모주를 배정받은 후, 배정받은 주식 수만큼 금액을 납입하기 때문에 투자 자금의 기회비용이 낮아진다.

공모주펀드에 가입하면 여러 증권사에서 계좌를 가입할 필요가 없다. 공모주펀드를 운용하는 펀드매니저들이 자체적으로 분석하고 투자 결정을 내리므로 목표주가 및 매도시점을 대신해서 판단해줄 수 있다.

2022년 1월 공모주펀드 수익률이 높아지면서 코스닥 벤처펀드, 하이일드펀드의 인기가 지속되었다. 코스닥 공모주 30% 우선 배정 혜택이 있는 코스닥 벤처펀드의 성과가 10% 안팎으로 높은 편이다. 현대M멀티-헤지코스닥벤처펀드가 1년에 12%로 가장 높았고, 브레인코스닥벤처펀드 11%, KTB 코스닥벤처펀드 10% 순이었다. 일반 공모주펀드로는 트러스톤 공모주알파펀드가 9.7%로 높았다.

2022년 1월 17일 기준으로 공모주펀드에 4,837억 원이 유입되었다. LG에너지솔루션의 청약 경쟁률이 높을 것이라 예상되면서 공모주펀드를 통한 우회 수요가 늘어났고, 일주일 사이에 3천억 원이 넘는 뭉칫돈이 유입되었다.

의무보유확약과
공모주 주가의 상관관계

의무보유확약 알아보기

—

공모주에 투자한다면 기관투자자 의무보유확약 기간에 주목해야한다. 유통시장에 풀리는 물량을 예측하여 주가 조정 발생시기와 그정도를 가늠해볼 수 있기 때문이다. 통상 일반공모 물량 중에서 60%가 기관에 배정되는 만큼, 기관 매도세는 공모주 수익률과 직결된다. 공모주는 수급에 따라 주가 변동성이 높은 데다 시장 관심도가 높은초기에 거래가 많이 이루어진다. 그러므로 기관의 의무보유확약 기간을 잘 살펴야 한다.

의무보유확약이란 상장하는 기업의 공모주를 받는 기관들이 일정 기간 주식을 팔지 않겠다고 약속하는 것을 말한다. 의무보유확약 기간이 길수록 주식시장에 풀리는 매도 물량이 적을 수 있다. 따라서 수급 측면에서 긍정적으로 볼 수 있다. 기관투자자는 주가가 수개월 동안 떨어질 확률이 낮다고 판단해 의무보유확약 기간을 두는 것이다. 만약 의무보유확약 기간이 짧고, 미보유확약 물량이 많다면 기간을 짧게 보고 투자한다.

의무보유확약 비율이 30%를 넘어서면 기관투자자로부터 괜찮은 평가를 받았다고 본다. 해당 기업이나 일반투자자 입장에서는 어느 정도 가격을 방어할 수 있는 울타리가 되기 때문이다. 기관투자자는 의무보유 기간을 길게 설정할수록 물량을 많이 배정받을 수 있다.

SK바이오팜의 경우 의무보유확약 비율이 81.2%로 굉장히 높았다. 반대로 카카오게임즈 58.6%, 하이브 43.9%로 상대적으로 낮았다. 비율이 낮을수록 차익실현 욕구가 높은 기관투자자라 볼 수 있다.

기관투자자 중 수익률이 최우선 가치라고 보는 사모펀드의 경우, 상장 초기 주가가 공모가를 크게 웃돌면 매도 적기라고 판단한다. 증시의 불확실성, 대형 IPO주 등장으로 인한 관심 저하, 밸류에이션 부담 등 위험 요소가 있기 때문에 투자 기간을 짧게 가져간다.

의무보유확약 기간은 보통 15일, 1개월, 3개월, 6개월 기준이다. 의무보유확약 기간이 끝나면 기관투자자는 자유롭게 주식을 매도할 수 있다. 의무보유확약 기간을 전후로 기관투자자가 보유한 주식이 시장에 한꺼번에 나오기 때문에 주가의 변동성이 심해진다. 만약 공모가보다 주가가 높았다면 차익매물이 나올 수도 있다. 의무보유확약은

기관 확약비율 상위 10개 종목 상장 이후 수익률

종목명	국내+해외 기관 확약비율 상위(%)	상장일 (2021년)	확정 공모가(원)	8월 30일 기준	
				종가(원)	수익률(%)
SK바이오사이언스	58.5%	03.18	65,000	299,500	360.8
SK아이이테크놀로지	57.%	05.11	105,000	209,000	99.0
카카오뱅크	45.0%	08.06	39,000	81,900	110.0
맥스트	39.1%	07.27	15,000	60,800	305.3
오로스테크놀로지	36.8%	07.24	21,000	29,300	39.5
쿠콘	30.0%	04.28	45,000	89,300	98.4
샘씨엔에스	25.0%	05.20	6,500	8,120	24.9
네오이뮨텍	24.7%	03.16	7,500	9.850	31.3
자이언트스텝	23.4%	03.24	11,000	80,500	631.8
유일에너테크	22.1%	02.25	16,000	19,150	19.7

* 자료: 한국거래소, SK증권

'증권발행실적보고서' 청약 및 배정에 관한 사항에서 확인할 수 있다.

하이브 상장 이후의 주가 흐름에서 하이브의 의무보유확약 물량 중 약 60%가 1개월 이하였다. 이는 의무보유확약으로 보호예수가 걸려 있는 주식이 1개월 내에 매물로 나올 수 있다는 뜻이다. 의무보유확약이 끝나는 시점에서 주가가 상승하는 경우가 많았다. 의무보유확약 기간이 만료되기 전에는 차익 매물에 대한 부담으로 주가가 하락했다.

의무보유확약 기간이 끝나서 대규모의 매도 물량이 나오면서 손바뀜이 발생하면 주가가 상승할 수 있다. 의무보유확약 대기 물량을 오버행(Overhang) 물량이라고 한다. 즉 주식시장에서 쏟아질 수 있는

'잠재적인 과잉 물량=대량의 대기 매물'을 뜻한다. 이외에도 전환사채(사채로서 발행되었지만 일정 기간 경과 뒤 소유자의 청구에 의해 주식으로 전환할 수 있는 사채)나 신주인수권부사채(발행 회사의 주식을 매입할 수 있는 권리가 부여된 사채), 상환전환우선주 등 주식으로의 전환이 가능한 대기 물량, 장내에 풀릴 가능성이 높은 대주주 소유의 대량 주식이 오버행에 해당된다. 거래가 없으면 거래소 유통시장에서 대량 물량을 소화하기 어렵기 때문에, 다른 기관투자자에게 블록딜 형태로 거래되기도 한다.

인기 있는 공모주를
찾는 방법

인기 있는 공모주의 기준

—

인기 있는 공모주의 기준은 무엇일까? 기관투자자와 일반청약자 경쟁률이 높고, 의무보유확약 기간이 길고, 우리사주조합 공모주 참여도가 높고, 유통주식 수 비율이 낮은 기업이 인기 있는 기업이다.

예를 들어 카카오페이를 살펴보자. 카카오페이가 일반청약에서 매력이 높았던 이유는 앞서 본 조건을 충족해서였다. 우선 기관투자자의 청약 경쟁률이 1714:1이었다. 기관 수요예측 경쟁률이 1500:1 이상이면 매우 우수하다라고 평가할 수 있다. 즉 '경쟁률=인기'로 해석할 수 있다.

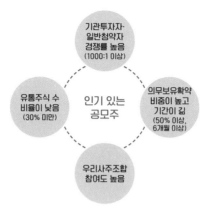

일반청약 경쟁률도 기관투자 경쟁률과 마찬가지로 높을수록 좋다. 카카오페이의 일반청약 경쟁률이 29.6:1을 기록하면서 기관투자자 경쟁률에 비해 매우 낮았다. 그러나 카카오페이는 국내 IPO 사상 처음으로 일반 청약자에게 배분되는 공모주 물량을 100% 균등배정했다. 증거금이 많을수록 유리하던 기존의 비례 방식과 달리, 카카오페이는 청약 최소 단위인 20%만 청약하면 모두가 같은 주식을 받을 수 있었다. 균등배정 방식 때문에 투자자를 유인할 방법이 없었지만, 30:1에 가까운 경쟁률이 나왔다는 것은 전반적으로 흥행한 셈이다. 보통 비례배정과 균등배정을 동시에 진행하는 경우, 일반투자 경쟁률이 수백 대 일이 나오면 인기가 높다고 볼 수 있다.

의무보유확약 물량은 국내 기관투자자 기준으로 봤을 때 약 92%였다. 의무보유확약 제시가 90% 이상인 것은 2014년 이후 1조 원 이상 공모한 기업 중에서 LG에너지솔루션(96.5%), SK아이이테크놀로지(96.4%), 카카오뱅크(92.4%) 다음으로 높은 수치다.

국내 기관투자자 외에도 통상적으로 확약 비율이 낮은 해외 기관들도 약 26%나 의무보유확약을 했다. 해외 기관 의무확약 비중이 공모금액 1조 원 이상 기준으로 봤을 때 SK아이이테크놀로지(36.6%), 카카오뱅크(27.4%) 다음으로 높았다. 의무보유확약 비중이 50% 이상이면 인기 있는 공모주다.

다음은 우리사주조합 물량과 분위기를 점검한다. 카카오페이는 우리사주조합에 3,060억 원어치의 공모주를 배정했는데 모두 소화했다. 당시 카카오페이의 직원 수는 약 850명이었다. 이는 평균 4억 원에 육박하는 뭉칫돈을 들고 카카오페이 공모주를 사겠다는 의사표현을 한 것이다. 우리사주조합은 회사 내 임직원만 가입할 수 있는 만큼 회사 사정을 잘 아는 직원들의 열기를 엿볼 수 있었다.

마지막으로 상장 직후 주가에 영향을 주는 유통 물량을 체크한다. 유통가능물량이란 상장 직후 거래 가능한 주식의 수를 말한다. 낮을수록 좋고, 보통 30% 미만이면 좋다. 카카오페이는 증권신고서상 기재된 상장일 상장주식 수 대비 유통가능 주식 수 비율이 38.91%다. 이것만 보면 유통 비율이 낮다고 볼 수는 없다. 그러나 28.47%를 2대 주주인 알리페이가 보유하고 있었고, 카카오페이와 알리페이의 협업을 위해 투자한 전략적 투자자(SI)인 만큼, 단기간에 대량 매물을 내놓지 않을 것이라고 분석할 수 있다.

전략적 투자자(SI)란 기업의 경영권 확보를 목적으로 자금을 조달

해주는 투자자를 가리키는 말이다. 경영참여라는 특수성 때문에 인수 기업을 확실히 이해하고 이루어지는 경우가 많다. 그래서 업종이 유사하거나 시너지를 낼 수 있는 기업을 선택한다.

전략적 투자자는 기업이 정상화되거나 사업이 성공했을 때 모든 이익을 함께 나누는 동시에, 경영을 지속적이고 장기적으로 책임질 것이기에 기업가치 또는 사업가치 극대화라는 목표를 공유한다. 알리페이가 전략적 투자자로 참여한 것은 카카오페이와 장기적으로 긍정적인 시너지를 낼 것이라 판단하고 투자가 들어온 것이기에, 지분을 팔 가능성이 낮다. 결국 상장 직후 유통 가능 비율은 10% 내외가 될 수 있으므로 유통 물량에 대한 부담이 낮았던 것이다.

투자설명서를 통한
공모주 위험 분석

공모주 투자위험 알아보기

—

　유가증권신고서 또는 투자설명서를 통해 투자 정보를 확인할 수 있다. 유가증권신고서는 기업이 공모주 청약을 실시하기 전에 금융당국으로부터 심사를 받기 위해 준비하는 서류다. 금융감독원 전자공시 시스템(dart.fss.or.kr)에서 확인할 수 있다.

　투자설명서는 공모주 청약을 권유하기 위해 투자자에게 제공하는 서류를 일컫는다. 투자설명서에서 가장 주목해야 할 부분은 핵심 투자위험이다. 투자자가 손해를 볼 수 있는 위험에 대해 상세히 설명되어 있다. 이 부분을 꼼꼼히 읽어보면 투자위험을 판단할 수 있다.

● 사업위험

관련 사업 내 경쟁 심화 위험. 경쟁이 치열한 산업 내에서 경쟁력을 유지하지 못해 기업의 시장지배력이 훼손될 수 있는 위험, 사업이나 재무 상태, 영업실적에 부정적인 영향을 미칠 수 있는 위험 등이 사업위험이다. 유사기업의 전략, 기업의 차별성 및 핵심 경쟁력, 사업 기획과 전략을 파악해서 시장 내 지배력을 점검해야 한다.

● 대외변수에 대한 글로벌 경제 관련 위험

코로나19 등 전 세계적으로 영향을 줄 수 있는 위험이 발생하면 기업의 사업, 재무 상태, 영업실적에 부정적인 영향을 미칠 수 있다. 대외적으로 위기일 때는 펀더멘털의 영향을 파악한다. 유동비율, 부채비율 등 재무 안정성 지표가 펀더멘털을 측정하는 대표적인 지표다.

● 국내 경제 상황 위험

국내에 정치, 경제, 법률, 규제 리스크가 발생하면 기업은 영향을 받을 수 있다. 그 결과 성장성·수익성에 부정적인 영향을 줄 수 있다.

● 거시경제 관련 위험

거시경제가 침체되면 가계의 가처분소득이 감소한다. 그 결과 소비가 줄어들고, 사업에도 부정적인 영향을 미친다. 금리, 물가, 환율, 원자재 가격 등 거시경제 지표를 체크해서 해당 기업의 영향을 파악해야 한다.

● **성장성 관련 위험**

　기업은 자체적인 영업활동과 인수·합병을 통해 매출을 올린다. 이에 따라 기업은 지속적인 투자를 한다. 만약 조직 운영, 인프라 구축, 해외시장 확대 등 기업이 성공적으로 대응하지 못하면 성장이 둔화될 수 있다. 기업은 스케일업 과정을 통해 외형이 더 커진다. 따라서 해당 산업의 성장성과 연결해서 분석해야 한다.

● **해외 진출 관련 위험**

　해외 시장은 언어, 문화, 관습, 법적·규제 환경 등이 국내 시장과 상이하므로 과거의 성공 경험이 향후 성공을 보장하지 않는다. 기업이 해외 진출을 저해하는 사업, 규제 및 기타 측면의 장애요소가 있을 경우 성장에 부정적인 영향이 미친다. 해외 진출 법인의 사업 형태 및 유형, 종속회사의 역할을 체크해야 한다.

● **정부 규제 관련 위험**

　독과점이라면 정부가 규제할 수 있다. 특히 콘텐츠, 플랫폼 기업이라면 검열부터 개인정보 보호에 이르기까지, 규제가 다양하다. 정부 규제에 적절히 대응하지 못하면 사업에 부정적인 영향을 미친다.

　예를 들어 게임산업에서는 셧다운제, 소비자보호 규제, 개인정보 규제, 확률형 아이템 자율 규제, 청소년 결제한도 등의 규제가 있다. 이는 게임업종의 민감한 규제정책이다. 관련 산업의 규제정책을 꼼꼼히 체크한 다음 호재와 악재를 구분하는 것이 좋다.

● 성과지표 측정 관련 위험

플랫폼 기업을 예로 DAU(일간 활성 유저), MAU(월간 활성 유저) 등 이용자 성과지표를 토대로 사업 성과 등을 분석하고 사업 파트너, 투자자 등에게 제공해 기업가치를 제고할 수 있다. 그러나 이용자 측정 지표가 부정확하거나 오류가 있다면 기업의 평판과 사업에 부정적인 영향을 미친다. 플랫폼 및 콘텐츠 기업의 경우에는 유저들의 활동이 매우 중요하므로 앱 다운로드 수, 총 거래금액, 재구매율 등을 체크해야 한다.

● 주요 매출처 편중 위험

주요 매출처가 편중되면 매출처가 경영위기를 겪었을 때 해당 기업도 부정적인 영향을 받을 수 있다. 만약 삼성전자나 SK하이닉스 등 재무적으로 건실한 기업이라면 오히려 플러스가 되지만, 그렇지 않다면 매출 집중도에 따라 주요 매출처와의 계약 조건이 중단되거나 악화될 수 있다. 그 결과 사업에 직간접적으로 부정적인 영향을 미친다. 따라서 다양한 고객을 거래처로 확보한 기업일수록 좋다.

● 핵심 인력 이탈 위험

핵심 인력이 경쟁사로 이직하거나 퇴사 등으로 결원이 발생하면 시장 내 기업 경쟁력이 저하될 가능성이 높다. 그리고 기업의 사업 안정성에도 영향을 미친다. 기업의 핵심 인력에 대한 레퍼런스를 체크하는 것이 중요하다.

● 매출 및 수익성 관련 위험

기업이 실현한 재무실적은 향후에 성장률을 보장하는 것이 아니다. 제품 출시 지연, 기존 제품의 수익성 악화, 마케팅, 연구개발비 증가 등 기업이 통제할 수 없는 부정적인 요소가 발생하면 매출 성장과 수익이 악화될 수 있다.

대표적으로 경쟁사에서 개발한 제품이 흥행하면서 시장점유율 하락, 기존 제품의 PLC(Product Life Cycle) 하락으로 인한 수익창출 능력 저하, 과도한 마케팅과 연구개발비 등 사업운용 비용 증가, 기업에게 불리하게 작용하는 소송 발생 및 소송 비용 증가 등이 있다.

● 재무 안정성 위험

대규모의 자금이 들어가는 사업이라면 흥행에 대한 불확실성을 완전히 배제할 수 없다. 특히 게임업종이라면 신규 게임에 들어가는 자원이 많다. 따라서 게임이 흥행에 실패하면 영업 현금흐름이 감소하거나 급격한 현금 유출의 증가 등으로 재무 상황이 악화될 수 있다. 재무 안정성 항목으로는 부채비율, 차입금의존도, 유동비율, 매출채권회전율, 재고자산회전율이 있다.

● 환율 위험

글로벌하게 사업을 하는 기업이라면 해당 통화와 원화의 환율 위험을 체크해야 한다. 환율 변동 위험에 노출되는 환 포지션의 주요 통화로는 USD 등이 있다. 외화로 표시된 채권과 채무를 주기적으로 관리해야 하고, 만약 환율 위험 관리에 실패한다면 기업의 재무와 영업 실적에 부정적인 영향을 미칠 수 있다.

● 최대주주 지분 관련 상장 후 경영 안정성 위험

최대주주의 지분율이 하락하거나, 최대주주의 특수 관계인이 최대주주에 대해 우호적인 방향으로 의결권을 행사하지 않거나, 2대 주주의 지분율이 상승하는 경우 최대주주 변경과 관련한 경영의 안정성이 저하될 수 있다. 2대 주주와 기업 간에 파트너십이 있는지 살펴보고, 장기 보유할 수 있는 우호 투자자가 있는지 파악해야 한다. 최대주주의 경영 안정성에 위협을 받으면 해당 사업의 연속성이 불확실하기 때문에 주가에 부정적인 영향을 미칠 수 있다.

● 연결대상 종속회사의 영업실적 변동 관련 위험

해당 연결대상 종속회사들의 재무 상태와 영업실적의 변동은 기업의 연결재무제표에 직접적인 영향을 미친다. 그러므로 향후 연결대상 종속회사의 영업실적이 악화하면 기업의 연결 재무실적에도 부정적인 영향이 생길 수 있다. 연결대상 종속회사들의 사업 유형과 재무 상태를 체크해야 한다.

● 지적재산권(IP) 및 중요 비밀정보 침해 위험

기술기업은 지적재산권이 매우 중요하다. 지적재산권은 보호받는 범위의 경계가 모호해서 분쟁이 발생할 수 있다. 그만큼 기업과 경쟁

기업 간의 지적재산권 침해를 사유로 소송이 일어날 수 있다.

지적재산권을 보호하려면 내외부적으로 기밀유지계약서 등을 체결하고, 국내외 여러 지역에 상표권·디자인권·저작권 등을 낸다. 최근 기술특례 상장 기업이 많아지는 만큼 지적재산권 평가가 매우 중요하다. 만약 지식재산권을 침해해서 불공정 경쟁을 했다고 법원이 판결하면 손해배상금과 벌금이 발생할 수 있고, 기업의 존폐에도 영향을 미칠 수 있다.

● 최대주주 등 지분 증여로 인한 주식보상비용 발생 가능성

기업도 상속이나 증여가 종종 발생한다. 구성원들에게 근로의욕을 고취시키고자 그들에게 보유 지분의 일부를 증여하거나 직계가족에게 증여 및 상속을 하는 경우가 있다.

주식보상비용은 현금 지출을 수반하지 않고, 순자산에도 영향을 주지 않는 회계상 비용이다. 따라서 기업의 재무건전성에 미치는 영향은 제한적일 것이다. 다만 향후 주식보상비용 인식으로 당사의 회계상 손익에 부정적인 영향을 미칠 수 있다.

● 공모가 산정 방식 및 공모가격 신뢰 위험

최종적으로 선정된 비교기업들은 재무적 유사성, 사업적 유사성, 일반 요건 등을 고려해 상대가치 평가를 한다. 그러나 비교기업과 해당 기업의 매출 품목의 종류 및 비중, 주요 사업지역, 전략, 영업환경, 시장 내 위치, 성장성 측면에서 차이가 존재할 수 있다. 또한 향후 국내외 경기, 주식시장 현황, 산업 성장성, 영업환경 변화 등 다양한 요인의 영향으로 예측·평가 정보가 변동될 수 있다. 그리고 유사회사 선정 및 밸류에이션 평가 방식의 한계도 발생할 수 있다.

기관투자자를 대상으로 수요예측을 실시하고, 그 결과를 감안해 인수회사(증권사)와 발행회사(기업)가 협의하여 정하는 방식으로 공모 가격이 결정된다. 기관투자자의 경쟁률이 높으면 공모가 산정 방식에 신뢰가 높은 것으로 풀이할 수 있다.

● **상장 후 유통주식 수 및 대규모 매각 가능성 위험**

유통가능물량은 상장일부터 매도할 수 있다. 따라서 해당 물량의 매각으로 주식 가격이 하락할 가능성이 있다. 또한 최대주주 등 계속 보유의무자의 의무보유기간, 우리사주조합의 의무예탁기간, 자발적 계속보유자의 계속보유확약 기간이 종료되는 경우에도 추가적인 물량 출회로 인해 주식 가격이 하락할 수 있다.

기업의 보통주가 대규모로 매각되거나 추가적으로 발행되면 기업의 주가가 하락할 수 있다. 대주주 매각 관련 이슈는 주식 담당자를 통해 점검한다.

● **주식매수선택권 행사에 따른 지분 희석 위험**

주식매수선택권(스톡옵션, 기업이 임직원에게 자기 회사의 주식을 일정한 가격으로 매수할 수 있는 권리를 부여하는 제도)의 행사로 신주가 발행되어서 보통주로 시장에 출회되면 기업이 상장하고 나서 주가 희석화 요

인으로 작용할 수 있다. 주식매수선택권(스톡옵션) 부여 현황은 금융
감독원 전자공시시스템에 자세히 나와 있다.

● **신규상장 요건 미충족 위험**

공모 후에 기업이 신규상장 신청일까지 필요한 요건을 모두 충족
하면 본 주식은 시장에 상장되고 매매가 게시된다. 그러나 일부 요건
이라도 충족하지 못하거나, 상장 재심사 사유에 해당되어서 재심사 승
인을 받지 못하면 시장에서 거래할 수 없다. 따라서 기업의 주식을 취
득하는 투자자는 주식의 환금성에 제약을 받을 수도 있다. 다행히 신
규상장 요건 미충족 위험 가능성은 매우 희박하다.

● **지배주주와 투자자와의 이해 상충 위험**

지배주주는 정관 변경 요구, 합병 제안, 자산 매각 제안, 기타 주요
거래 등에 대한 투표 결과를 통제하거나 주요한 영향력을 행사할 수
있다. 그래서 기업 지배주주의 이해관계와 투자자의 이해관계는 상충
될 수 있다. 최대주주의 독점적인 횡포가 발생하면 주주들 간의 이해
관계 분쟁이 발생할 수 있다.

● **환매청구권**

주관사의 성장성 추천 상장의 경우 환매청구권(풋백옵션)이 부여
된다. 증권 인수업무 등에 관한 규정 개정으로 일반청약자에게 '공
모가격의 90% 이상으로 인수회사에 매도할 수 있는 권리(Put-Back

Option)'가 부여되는 것이다. 그러나 풋백옵션이 부여되지 않으면 10% 이상 원금 손실이 발생할 수 있다.

● 주당 순자산 가치 관계 위험

기업공개시 형성되는 보통주 공모가격은 기업공개 직후의 주당 순자산 장부가액보다 높은 수준에서 결정된다. 주당 순자산 가치는 기업의 총자산에서 총부채를 차감하고 이를 총 발행주식 수로 나눈 값이 주당 순자산 가치다. 투자자는 공모가격 대비 기업공개 직후의 주당 순자산 장부가액이 현저히 낮을 수 있다.

이밖에도 투자설명서에 살펴봐야 할 내용이 있다. 바로 모집 또는 매출에 관한 사항, 인수인의 의견, 자금의 사용목적, 그 밖의 투자자 보호를 위한 회사의 개요, 사업 내용, 재무 사항, 주주 사항, 계열사 등에 관한 사항이다.

공모주 투자 전
체크리스트

반드시 알아야 할 체크리스트
—

공모주 투자 전 체크리스트를 살펴보자. 자동차, 2차전지, 콘텐츠, 플랫폼, 이커머스, 여행 등 다양한 업종을 기반으로 체크리스트 사례를 요약했다.

투자 아이디어, 업황 및 산업 분석, 비즈니스 모델, 경쟁상황·시장점유율·진입장벽, 최근 실적 및 변동 이슈, 지배구조·경영진 및 주요주주, 리스크 요인, 실적 추정 및 밸류에이션, 투자의견 및 매매 전략으로 구분했다. 이는 일반적인 주식 투자에서도 적용되는 부분이니 참고하길 바란다.

공모주 투자 전 체크리스트

구분	체크리스트	예시 및 검토 내용
투자 아이디어	기업을 좋게 보는 이유	• 포스트 코로나 기대감 • 정책 기대감 • 업황 개선 기대감(유가 상승, 반도체 수요 증가 등)
	투자를 하게 된 아이디어	• CAPA(설비) 투자 • M&A 이슈 • 실적 개선
	분석을 하게 된 아이디어	• 글로벌 자동차 OEM 업체 친환경차 모델 출시 • 최근 4차산업(AI, 빅데이터 기업) 상장 승인 • 미-중 무역분쟁에 따른 반도체 업종 전망
업황 및 산업 분석	이 기업이 속한 업황이 호황인가, 불황인가?	• 코로나 이후 여행 업종 불황 • 코로나로 인한 비대면 업종 호황
	산업의 과거 3년간 성장률과 향후 3년간 예상 성장률	• 시장규모(CAGR) • 대기업 투자 및 정부정책 확인
	산업의 경쟁강도	• 이 산업의 진입장벽이 높은가? • 상품의 대체 위협
	산업의 교섭력(Bargaining Power)	• 구매자의 교섭력, 공급자의 교섭력이 있는가? • 상품의 대체 위협
	이 기업이 산업 사이클의 어느 부문에 속하는가?	• 도입기-성장기-성숙기-쇠퇴기? • 경기민감주 vs. 경기방어주
	산업의 특징	• 반도체 산업의 특징(메모리반도체, 비메모리반도체) • 2차전지 산업의 특징(NCM, LFP)
비즈니스 모델	회사의 매출 비중·구조	• 매출 비중의 쏠림 또는 다양한 포트폴리오 존재 • 수주 산업, 계절성 산업인지 확인
	사업부문별 마진 구조	• 플랫폼 기업(광고 수익, 수수료 수익, 구독경제 수익) • 매출 원가 및 영업이익률
	사업부문별 영업환경	• 기술 진입장벽의 강도 • 대외 이슈로 인한 영업환경 민감(펀더멘털 체크)
	밸류체인 분석	• 콘텐츠, 블록체인 기반 밸류체인 디지털 생태계 • 생산-마케팅-유통 기반 밸류체인
경쟁상황· 시장점유율· 진입장벽	사업부문별 경쟁상황, 경쟁강도	• 경쟁 기업의 분석(마케팅, 영업 채널 등) • 플랫폼 기업(온라인 채널 강화) 경쟁
	사업부문별 마켓셰어(Market Share) 추이	• 사업부문별 시장점유율 • 사업부문별 전략에 따른 시장점유율 추이
	진입장벽	• 진입장벽 여부

최근 실적 및 변동 이슈	최근 주가변동에 영향을 미쳤던 이슈(유사기업 포함)	• 최근 주가가 상승 또는 하락했던 이유(실적, 이슈 등) • 그 이슈가 일회성인지, 지속성인지 확인
	최근 루머와 노이즈에 대한 점검	• 루머에 대한 팩트 체크 • 반대급부로 대체기업 매력도 체크
	다음 분기 실적 추정	• 전년동기, 전분기 대비 어닝서프라이즈인지, 어닝쇼크 인지? • 실적 개선을 기대하는 이유
지배구조· 경영진 및 주요 주주	회사의 지분구조	• 최대주주가 누구인지? 얼마나 보유하고 있는지? • 경영권 간섭을 받을 수 있는지?
	회사의 오너십, 경영진에 대한 점검, 대표이사 마인드	• 대표, 임원이 어떤 경력을 보유하고 있는지? • 평판 점검
	5% 이상 주요 주주	• 주요 주주가 이탈할 가능성이 있는지 FI, SI 체크 • 공시의무 중요. 변경이유 체크
	외국인 투자자 비중	• 우호적 지분, 단기 물량, 공매도 물량 등 체크 • 환율 영향에 따른 외국인 투자자 물량 체크
	지배구조 변동 이슈	• 합병준비, 인적분할, 물적분할(상법, 공정위 이슈) • 상속세 등 세금 이슈
	자사주 매입 및 매각, 소각 이슈	• 자사주 매입, 매각, 소각의 영향 파악 • 자사주 매입, 매각, 소각에 따른 주가 변화
	증자 및 BW/CB 발행 가능성	• 자금조달의 목적 • 자금조달에 따른 주가 변화
	배당 및 주주정책	• 주주환원 정책에 적극적인 기업인지? • 이익이 나는 기업을 확인할 수 있음
리스크 요인	경쟁 심화 및 영업환경 악화 리스크	• 코로나로 인한 영업환경 악화, 주력시장 성장 둔화, 시 장경쟁 심화, 기술개발경쟁 심화, 산업 관련 규제, 신 규사업 관련 위험, 대기업 진입, 핵심 연구인력 유출 및 인력 수급, 지적재산권, 매출성장 둔화 및 수익성 악화, 매출채권 건전성, 매출의 계절성, 경영권 안정화, 환율, 분쟁에 따른 우발채무 등
	어닝쇼크 가능성	• 외부·내부 환경에 따른 기업 실적 악화 체크 • 시장 예상실적 가이던스보다 하락한 경우
	악재성 지배구조 이벤트	• 적대적 M&A • 경영권 다툼에 따른 지분 처분 가능성
	재무적 리스크	• 유동성 위험, 자본잠식 등(구조조정 이슈 나올 수 있음) • 자회사, 계열사 등 체크
	수급 리스크	• 오버행 이슈 체크 • 양도세 이슈에 따른 대주주 물량 체크
	매니지먼트 리스크	• 기업경영이나 조직 운영에 따르는 제반 위험(스캔들) • 내부정보 관리 미흡

실적 추정 및 밸류에이션	실적 추정 테이블	• 손익관련 브레이크다운(Break Down)
	타깃 멀티플과 근거	• PER, PBR, PSR, EV/EBITDA 등 유사기업 멀티플 비교·멀티플 상승요인과 하락요인 근거 제시
투자의견 및 매매 전략	결론	• 업황, 사업개요, 지분구조, 사업모델, 투자 포인트 등 체크
	투자의견	• 매수, 매도, 비중 증가, 비중 축소, 투자 제외 등 결정
	구체적인 매매 전략	• 기술적 분석에 따른 매매 전략·이벤트(실적, 이슈 등) 드리븐 매매 전략 제시

PART 04 ▸ ▸ ▸

4부에서는 앞서 설명한 내용을 바탕으로 실제 공모주 케이스를 정리하고 분석했다. 2020~ 2022년에 상장한 기업으로, SK바이오팜, 카카오게임즈, 하이브, SK바이오사이언스, SK아이이테크놀로지, 카카오뱅크, 크래프톤, LG에너지솔루션 등 8개 기업을 기술했다. 기업가치 분석의 기본적인 내용을 익힐 수 있을 것이다. 또한 기업별로 어떤 공모 이슈가 있는지, 앞으로의 전망은 어떠한지를 알 수 있을 것이다.

공모주 케이스
분석

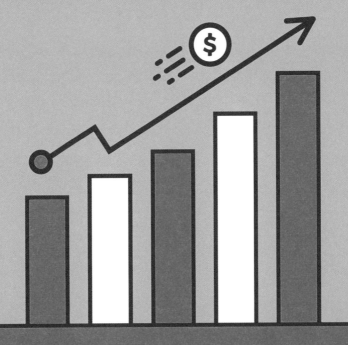

공모주 관련 법률 및
규정 사항

공모주 배정 방식

—

「자본시장과 금융투자업에 관한 법률」 제165조의7과 「근로복지기본법」 제38조 1항에 의해 우리사주조합에 총 공모주식 수의 20%를 우선 배정한다.

또한 「증권 인수업무 등에 관한 규정」 제9조 제1항 제4호에 의거 고위험 고수익 투자신탁(일명 하이일드펀드 등) 공모 주식의 10% 이상을 배정한다.

제9조 제1항 제4호에 근거해 「상법」 제369조 제2항 제3호에 따른 사채로서 「자본시장과 금융 투자업에 관한 법률」 제4조 제7항 제1호에

해당하는 증권을 제외한 비우량채권과 코넥스 상장 주식의 합산 보유 비율이 45% 이상인 경우에는 10% 이상을 공모주에 배정할 수 있다.

수요예측

—

희망 공모가액을 근거로 수요예측을 통해 확정 공모가를 산출한다. 희망 공모가액을 계산하는 방법은 기업가치 평가 방법인 절대가치 평가 방법과 상대가치 평가 방법으로 산출한다. 수요예측 결과, 주식시장 상황 등을 감안해 발행회사·공동대표 주관회사·공동 주관회사와 협의해 확정 공모가를 결정한다. 특히 수요예측 과정에서 참여 가격이 과도하게 높거나 낮으면 공모가 결정 시 배제되거나 가중치를 낮게 받는다. 가격을 제시하지 않은 수요예측 참여자는 공모가격 결정 시 제외된다.

기관투자자 수량 배정은 확정 공모가액 이상의 가격을 제시한 수요예측 참여자를 대상으로 한다. 참여가격·참여시점·참여자의 질적인 측면에서 운용 규모, 투자 성향, 공모 참여 실적, 의무보유확약 여부 등을 종합적으로 고려해 주관회사가 자율적으로 배정 물량을 결정한다.

집합투자회사 물량 배정 시 집합투자재산, 고유재산, 고위험 고수익 투자신탁, 투자 일임재산을 각각 구분해서 배정한다. 배정 결과는 주관사 홈페이지에서 확인할 수 있다. 만약 수요예측 참여로 배정된 물량을 미청약하면 금융투자협회 회원 홈페이지에 '불성실 수요예측 참여자'로 게시 등록되며 페널티를 받는다.

수요예측에 참여하지 않았거나, 수요예측에 참여했으나 배정받지 못한 경우에 공모가액으로 배정받기를 희망하는 기관투자자 등은 주관회사에 미리 청약의사를 알리면 청약일에 추가 청약을 할 수 있다. 다만 수요예측에서 배정된 수량이 청약이 모두 완료되면 배정받을 수 없다. 기관투자자 청약 후에 잔여 물량이 있으면 일반청약자 배정 물량에 합산해 배정할 수 있다. 수요예측에 참여할 때 참가신청서를 허위로 작성하거나, 제출한 참가신청서를 임의변경하거나, 허위자료를 제출하면 참여 자체를 무효로 한다.

밸류에이션 모형

—

대표적인 절대가치 평가법으로는 DCF가 있다. DCF는 현금흐름 할인법을 뜻한다. 현금흐름을 적정한 할인율로 할인하여 현재가치를 구한 후 기업가치를 측정하는 방법이다. 조금 더 자세히 설명하면 미래에 실현될 것으로 예상되는 기업의 연도별 현금흐름을 추정하고, 가중평균자본비용(WACC)을 할인한다. 그리고 기업의 자금조달 원천별 가중치를 곱하여 산출한 자기자본비용과 타인자본비용을 적용해 현재가치를 산정한 방법이다. 이를 위해서는 최소 5년 이상의 미래현금흐름 및 적정 할인율을 추정해야 하며, 비교회사의 미래현금흐름 및 할인율을 추정해야 상호 비교가 가능하다. 미래현금흐름 및 적정

할인율을 산정함에 있어 객관적인 기준이 명확하지 않기 때문에, 평가자의 주관이 개입되면 평가 지표로서 한계에 부딪칠 수 있다.

　상대가치 평가법은 PER, PBR, PSR, EV/EBITDA, EV/Pipeline 비교 등으로 대상기업과 유사한 속성을 가진 비교기업의 시장배수를 참조해 대상기업의 가치를 추정하거나 평가하는 방법이다. 상대가치 평가법을 적용하기 위해서는 비교기업들이 일정한 재무 요건을 충족해야 한다. 그리고 사업, 기술, 관련 시장의 성장성, 주력 제품군 등 질적 측면에서 대상기업과 유사해야 한다.

공모주 케이스

기업명	업종	주요 제품	매출액/순이익 (억 원)	예비심사 청구일	희망 공모가(원)	수요예측일	확정 공모가(원)	상장일
SK바이오팜	자연과학 및 공학연구개발업	신경질환 및 정신질환을 포함한 중추신경 관련 신약개발	11/-1,421	2019.10.25	36,000 ~49,000	2020.06.16 ~2020.06.17	49,000	2020.07.02
카카오게임즈	소프트웨어 개발 및 공급업	모바일, PC게임 퍼블리싱	3,224/333	2020.06.11	20,000 ~24,000	2020.08.26 ~2020.08.27	24,000	2020.09.10
하이브	오디오물 출판 및 원판 녹음업	음악 기획, 제작, 퍼블리싱, 아티스트 매니지먼트	5,872/724	2020.05.28	105,000 ~135,000	2020.09.24 ~2020.09.25	135,000	2020.09.10
SK바이오사이언스	기초의약물질 및 생물학적 제제 제조업	백신 제품 및 제제	1,840/147	2020.12.01	49,000 ~65,000	2021.03.04 ~2021.03.05	65,000	2021.03.18
SK아이이테크놀로지	1차전지 및 축전지 제조업	2차전지용 습식 분리막 및 폴더블 커버 윈도	2,630/637	2020.12.18	78,000 ~105,000	2021.04.22 ~2021.04.23	105,000	2021.05.11
카카오뱅크	은행 및 저축기관	은행 및 금융서비스	8,042/1,136	2021.04.15	33,000 ~39,000	2021.07.20 ~2021.07.21	39,000	2021.08.06
크래프톤	소프트웨어 개발 및 공급업	게임 소프트웨어	954/52	2021.04.08	400,000 ~498,000	2021.07.14 ~2021.07.27	498,000	2021.08.10
LG 에너지솔루션	1차전지 및 축전지 제조업	2차전지 (소형, ESS, 자동차전지)	14,611/-4,518	2021.06.08	257,000 ~300,000	2022.01.11 ~2022.01.12	303,000	2022.01.27

* 상장 당시 최근 연도 매출액/순이익 기준

SK바이오팜

공모 관련 내용

—

① 공모 개요

SK바이오팜은 코스피시장에 상장했다. 증권의 종류는 기명식 보통주로서 액면가액 대비 98배 높은 4만 9천 원에 공모가를 확정했다. 모집 주식 수는 1,957만 8,310주로, 모집가액 4만 9천 원을 곱한 모집 총액이 약 9,600억 원 규모다.

SK바이오팜은 뇌전증 치료제의 가치를 인정받아서 공모가가 상단에서 확정되었다. 모집 총액이 1조 원에 육박하면서 인수 증권사 포함 6곳에 배분되었다.

증권의 종류	증권수량	액면가액	모집(매출) 가액	모집(매출) 총액	모집(매출) 방법
기명식보통주	19,578,310	500	49,000	959,337,190,000	일반공모

인수인		증권의 종류	인수수량	인수금액	인수대가	인수방법
공동대표주관회사	NH투자증권	기명식보통주	5,090,361	249,427,689,000	1,995,421,512	총액인수
공동대표주관회사	씨티그룹글로벌마켓증권	기명식보통주	5,090,361	249,427,689,000	1,995,421,512	총액인수
공동주관회사	한국투자증권	기명식보통주	3,426,204	167,883,996,000	1,343,071,968	총액인수
공동주관회사	모간스탠리인터내셔날증권회사서울지점	기명식보통주	3,426,204	167,883,996,000	1,343,071,968	총액인수
인수회사	SK증권	기명식보통주	1,566,265	76,746,985,000	613,975,880	총액인수
인수회사	하나금융투자	기명식보통주	978,915	47,966,835,000	383,734,680	총액인수

* 단위: 주, 원
* 자료: DART

개인투자자는 공동대표 주관회사인 NH투자증권, 공동 주관회사인 한국투자증권, 인수회사인 SK증권과 하나금융투자를 통해 청약을 실시했다. 씨티그룹글로벌마켓증권과 모간스탠리인터내셔날증권 서울지점은 개인투자자 일반청약이 안 되었다. 주관사 및 인수회사 인수 수량은 NH투자증권과 씨티그룹글로벌마켓증권이 가장 많았다.

② 모집 내용

신주모집 1,331만 3,250주, 구주매출 626만 5,060주가 일반공모 방식으로 진행되었다. 일반공모의 배정은 「증권의 발행 및 공시」 등에 관한 규정에 의해 80% 이상을 공모했다. 그리고 나머지 20%는 우리사주조합에 배정되었다. 일반공모 주식 수 1,566만 2,648주, 우리사주조합 391만 5,662주가 배정되었다.

일반청약자는 391만 5,622주로 배정 물량의 20%, 일반 공모총액 약 1,919억 원, 기관투자자는 1,174만 6,986주로 배정 물량의 60%인 약 5,756억 원이 배정되었다.

공모대상	주식수	배정비율	비고
일반공모	15,662,648주	80.0%	고위험고수익투자신탁 배정수량 포함
우리사주조합	3,915,662주	20.0%	우선배정
합계	19,578,310주	100.0%	-

공모대상	주식수	배정비율	주당 공모가액	일반공모총액	비고
일반청약자	3,915,662주	20.00%	49,000원 (주1)	191,867,438,000원	-
기관투자자	11,746,986주	60.00%		575,602,314,000원	고위험고수익투자신탁 배정물량 포함
합계	15,662,648주	80.00%		767,469,752,000원	-

* 자료: DART

③ 수요예측

SK바이오팜 수요예측 결과를 살펴보자. 수요예측 참여 내역은 1,076건으로 기관투자자 경쟁률이 835.66:1을 기록했다. 수요예측은 총 1,076건으로 운용사(집합) 밴드 상단 초과가 403건이었다. SK바이오팜의 수요 인기를 확인할 수 있었다. 운용사, 금융투자업자, 연기금,

구분	국내 기관투자자								외국 기관투자자				합계	
	운용사(집합)		투자매매,중개업자		연기금,운용사(고유), 은행,보험		기타		거래실적 유*		거래실적 무			
	건수	수량	건수	수량	건수	수량	건수	수량	건수	수량	건수	수량	건수	수량
밴드상단초과	403	4,066,743,000	22	258,365,000	188	1,905,825,000	254	2,640,617,000	2	992,482	-	-	869	8,872,542,482
밴드 상위75% 초과~100% 이하	51	436,461,000	3	35,238,000	20	142,074,000	18	82,441,000	115	247,721,614	-	-	207	943,935,614
밴드 상위75% 초과~75% 이하	-	-	-	-	-	-	-	-	-	-	-	-	-	-
밴드 상위25% 초과~50% 이하	-	-	-	-	-	-	-	-	-	-	-	-	-	-
밴드 중간값 초과~상위 25% 이하	-	-	-	-	-	-	-	-	-	-	-	-	-	-
밴드 중간값	-	-	-	-	-	-	-	-	-	-	-	-	-	-
밴드 중간값 미만~하위 25% 이상	-	-	-	-	-	-	-	-	-	-	-	-	-	-
밴드 하위 25% 미만~50% 이상	-	-	-	-	-	-	-	-	-	-	-	-	-	-
밴드 하위 50% 미만~75% 이상	-	-	-	-	-	-	-	-	-	-	-	-	-	-
밴드 하위 75% 미만~100% 이상	-	-	-	-	-	-	-	-	-	-	-	-	-	-
밴드하단미만	-	-	-	-	-	-	-	-	-	-	-	-	-	-
미제시	-	-	-	-	-	-	-	-	-	-	-	-	-	-
합계	454	4,503,204,000	25	293,603,000	208	2,047,899,000	272	2,723,058,000	117	248,714,096	-	-	1,076	9,816,478,096

* 자료: DART

구분	참여건수 기준		신청수량 기준	
	참여건수(건)	비율	신청수량(주)	비율
49,000원 이상	1,076	100.00%	9,816,478,096	100.00%
36,000원 이상 ~ 49,000원 미만	-	-	-	-
36,000원 미만	-	-	-	-
합계	1,076	100.00%	9,816,478,096	100.00%

* 자료: DART

은행, 보험 등 다양한 기관투자자들이 참여했고, 외국 기관투자자도 밴드 상단에서 수요예측 참가 신청을 했다.

수요예측에 따른 신청가격 분포는 4만 9천 원 이상이 1,076건으로 100%다. 수요예측 및 확정 공모가와 관련해서 정리해보면 위의 도표와 같다.

2020년 6월 SK바이오팜은 예상 공모가의 최상단에 공모가를 확정하면서 수요예측 경쟁률이 835.7:1이었다. 이례적으로 높은 수준을 기

구분	공모주식 수	청약 건수	청약주식 수	경쟁률(%)
NH투자증권	1,801,898	110,614	585,926,570	325.17
한국투자증권	1,212,816	86,961	425,813,110	351.09
SK증권	554,430	17,511	141,813,110	254.47
하나금융투자	346,518	15,752	112,027,990	323.3
합계	3,915,662	230,838	1,264,853,070	323.02

* 단위: 주, 건, %
* 자료: 시사저널e

록했다. 전체 기관의 80%가 넘는 약 870개 기관이 공모가 상단에 매수 주문을 냈다. 2014년 삼성SDS가 기업공개 시장에 나오면서 세운 651:1이라는 기록을 훌쩍 뛰어넘었다.

SK바이오팜의 일반투자자 청약 경쟁률은 300:1을 넘어섰고, 청약 증거금으로만 31조 원이 몰렸다. 대표 주관사인 NH투자증권은 이틀간 진행된 SK바이오팜 공모 청약에서 공모주식 약 180만 1,198주 중에 약 5억 8,500만 주가 신청되었고, 청약 경쟁률은 325.17%를 기록했다. 이외에 한국투자증권 351.09%, 하나금융투자 323.3%, SK증권 254.47% 청약 경쟁률을 나타냈다.

공모주식 수가 많고, 모집 총액이 높고, 경쟁률이 낮은 증권사에 청약을 하면 배정 물량을 더 받을 수 있다. 청약도 눈치 싸움이다.

④ 의무보유확약

공모주 투자에서 반드시 살펴봐야 할 항목이 바로 의무보유확약이다. 의무보유확약 비중이 높을수록 매도 출회될 물량이 낮다는 의

의무보유확약 현황

구분	신청 수량(주)
6개월	4,051,643,000
3개월	3,071,743,000
1개월	701,546,986
15일	141,506,000
합계	7,966,438,986
총 수량 대비 비율	81.15%

미로, 이는 상장 이후에 주가가 오를 가능성이 높다는 뜻이기도 하다. 눈에 띄는 것은 수요예측에 참가한 기관 전체 매수 주문의 81%(약 80억 주)가 의무보유확약이 있었다는 점이다. 그만큼 공모주 물량을 1주라도 더 받기 위해 기관투자자들의 경쟁이 치열했다.

공모 신청 수량인 약 982만 주 중에서 약 797만 주인 81.15%가 의무보유확약을 신청했다. 이 중 3개월 이상 의무보유확약이 걸린 주문만 해도 71억 2천만여 주(기관 전체 매수의 72.5%)에 달했다. 특히 6개월 확약 물량이 41.2%로 매우 높았다. 기관투자자의 41.2%가 6개월 동안 시장에 매도하지 않겠다는 확약을 했다는 사실은 앞으로 SK바이오팜의 주가가 더 올라갈 거라는 자신감으로 풀이된다.

기관투자자 청약 이후 확정 공모가가 산출된 후 일반투자자 청약이 진행된다. 일반투자자는 기관투자자의 수요예측과 청약 경쟁률을 확인 후 참여한다. 일반투자자 청약 경쟁률은 주관사, 인수회사 홈페이지 또는 애플리케이션을 통해 확인할 수 있다.

기업 개요

—

2011년 4월에 SK의 라이프사이언스(Life Science) 사업 부분을 물적분할하여 SK바이오팜이 설립되었다. R&D에 중장기적으로 투자해서 신약개발과 상업화 기반을 다졌다.

SK바이오팜은 중추신경계 뇌전증 분야의 신약 개발에 집중해왔다. 수면장애 치료 신약인 솔리암페톨을 미국 FDA, NDA에서 승인받아 출시했다. 뇌전증 치료 신약인 세노바메이트를 유럽 지역에 기술 수출하고 NDA 승인을 받아 신약 개발의 성과를 이루었다.

SK바이오팜이 주력하고 있는 CNS 질환 의약품 시장은 전체 치료 영역에서 규모 3위를 차지할 만큼 큰 시장이다. SK바이오팜은 주력 파이프라인인 세노바메이트 외에도 기술을 수출했다. 또한 미국에서 출시된 솔리암페톨과 FDA가 희귀약품으로 지정한 카리스바메이트 등 CNS 파이프라인을 구축하고, 다수의 신약 후보물질을 보유하고 있다.

판매전략을 살펴보면 아시아에 직접판매를 하고, 미국에는 세노바메이트, 카리스바메이트를 직접판매하되 솔리암페톨은 기술 수출을 진행했다. 유럽에는 세노바메이트와 솔리암페톨을 기술 수출하고, 카리스바메이트는 직접판매 했다.

2018년 11월, 뇌전증 치료제인 세노바메이트를 NDA 신청하고, 2019년 11월에 신약판매 허가승인을 받았다. 이후 2020년 5월부터 미국 시장에서 판매되고 있다.

뇌전증 치료제는 UCB, GSK, 사노피(Sanofi), 화이자(Pfizer) 등 여러 기업에서 경쟁하고 있다. 뇌전증 시장은 USK의 케프라(Keppra) 특허가 만료되면서 미국 시장을 시작으로 제네릭과 본격적으로 경쟁하고 있다. 최근 프레가발린(Lyrica), 사브릴(Sabril) 등 특허가 만료되었다. 기존 치료제와 차별화된 신약임을 입증한다면 SK바이오팜은 시장점유율이 높아질 것이다.

SK바이오팜은 AI 약물 설계 플랫폼을 도입하면서 유효물질도 발굴하고 있다. AI 약물 설계 플랫폼은 신약 개발 기간을 단축시키고 성공률을 높이는 장점이 있다.

한편 개발 역량을 항암 분야로 확대해서 뇌암 치료제도 개발하고 있다. 교모세포종 치료제 개발 등을 목표로 하고 있다. 항암연구소 산하에서는 신경종양치료 후보물질, 종양치료 후보물질 등을 연구하고 있다.

밸류에이션 산정
—

SK바이오팜은 신약개발 사업을 영위한다. 따라서 현재 개발하거나 판매 중인 오리지널 의약품 시장규모, 파이프라인 현황, 주요 목표 시장, 적응증 및 임상 진행 단계, 경영성과 및 재무현황, 시장규모, 경쟁 약품 현황 등을 기준으로 기업가치 평가를 했다. 유사기업들의 파이프라인에 대비해서 상대가치 평가법을 활용했다.

또한 증권신고서 제출일 당시는 R&D 비용으로 적자가 나거나 본격적인 이익이 창출되기 이전 단계이다. 따라서 시판 허가 파이프라인 및 임상 2상 수준의 성공 가능성이 높은 파이프라인의 합산 가치, 타사 파이프라인에 대비해서 기업가치를 비교한 상대가치 평가를 활용했다.

SK바이오팜은 중추신경계 질환 치료제를 국내 최초로 임상 단계

구 분	SK바이오팜		
적응증별 파이프라인	세노바메이트	솔리암페톨	카리스바메이트
	뇌전증	기면증 / OSA	레녹스가스토 증후군
임상 단계	출시	출시	P2 주5)
시장규모(백만 원)	6,001,931	2,011,964	933,733
시판중인 신약(수)	13	1	4
POS(상업화 확률)	100%	100% 주4)	33.30%
기대 시장규모(백만 원)	461,687	120,718	77,733
기대시장규모 합계(백만 원)	660,138		
적용 EV / Pipeline배수	7.21 주6)		
기업가치(EV)(백만 원)	4,762,727		
순차입금(백만 원)	80,201		
적정시가총액(백만 원)	4,682,526		
적용 주식수(주)	78,313,250		
주당 평가가액(원)	59,792		

* 자료: DART

부터 미국 FDA의 NDA 승인에 이르기까지 독자적으로 진행하고 완료했다. 제품은 SK바이오팜의 자회사에서 판매되고 있다.

국내 상장기업 중에서 글로벌 제약시장을 대상으로 사업을 영위하는 기업은 다수 존재했다. 그러나 글로벌 기준으로 신약개발 사업의 전 과정을 독자적으로 진행하고, 중추신경계 질환 치료제에 집중한 회사는 국내에 없었다. 그러므로 해외 기업을 대상으로 유사기업을 선정했다. 유사기업은 UCB, 아카디아 파마슈티컬스(Acadia Pharmaceuticals), 조제닉스(Zogenix), 인트라 셀룰라 테라퓨틱스(Intra-cellular Therapies)이다.

SK바이오팜은 EV/Pipeline 배수를 적용해 상대가치를 산출했다. 파이프라인에 대한 시장규모, 시판 중인 신약 수, 상업화 확률, 기대

희망 공모가액 산출 내역

구 분	내 용
비교가치 주당 평가가액	59,792원
평가액 대비 할인율	18.05% ~39.79%
공모희망가액 밴드	36,000원 ~ 49,000원
확정 공모가액	49,000원

* 자료: DART

시장규모를 예측하여 파이프라인에 대한 기업가치를 적용한 후, 순차입금을 차감해 적정 기업가치를 산출했다. 적용 주식 수는 공모 후 주식 수를 반영했다.

산출 결과를 바탕으로 할인율 18.05%를 적용하면 공모가액이 4만 9천 원이다.

결론

—

SK바이오팜은 2020년 7월 2일에 상장했다. 공모가 4만 9천 원으로 시작해서 공모가 대비 약 160%까지 상승하며 첫날 12만 7천 원으로 마감했다. SK바이오팜은 아모레퍼시픽과 삼성전기를 밀어내고 코스피시장 시가총액 상위 26위를 기록했다.

2020년 6월, 약 31조 원의 청약자금이 몰리면서 당시 국내 IPO 사상 최대 청약 기록을 세웠다. 2014년 제일모직이 기록한 30조 원을 넘

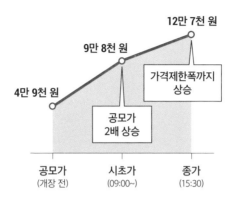

12만 7천 원

9만 8천 원

4만 9천 원

가격제한폭까지
상승

공모가
2배 상승

공모가
(개장 전)

시초가
(09:00~)

종가
(15:30)

* 자료: 한겨레신문

어섰다. 당시 SK바이오팜은 2019년에 910억 원의 순손실을 냈었다. 그럼에도 불구하고 시가총액이 10조 원에 육박하면서 성공적으로 상장했다.

실적이 좋지 않았는데도 공모가액이 높았던 이유는 무엇일까? 독자적으로 개발한 신약 두 종류가 미국에서 판매되었기 때문이다. 기면증 치료제인 솔리암페톨과 뇌전증 치료제인 세노바메이트가 각각 2019년 7월과 올해 5월 미국 시장에 시판되었다. 각각 2조 원, 6조 원 규모의 시장으로 평가된다. 신라젠, 코오롱티슈진, 한미약품 등 바이오 기업들 대다수가 임상 3상을 넘기지 못했기 때문에 SK바이오팜이 이를 통과한 것만으로도 시장의 기대치가 높았다.

또한 파이프라인 가치도 기업가치에 반영된 것으로 보인다. 뇌전증 치료제인 엑스코프리가 가치를 높게 평가받았다. 벨기에 기업인

UCB가 뇌전증 치료제인 케프라를 성공시켰는데 이 사례를 적용하여 기업가치에 반영했다.

SK바이오팜은 엑스코프리의 미국 직판을 시작으로 2030년까지 매출액이 연평균 40% 이상 성장할 것으로 예상했다. 2020년 기준으로 영업이익이 약 2천억 원 적자였지만, 2023년에 흑자로 전환되면서 2030년 8,400억 원이 될 것이라 전망했다. 시장에서는 엑스코프리가 기폭제가 될 것이라 내다보고 있다.

또한 솔리암페톨, 세노바메이트, 카리스바메이트 치료제를 기반으로 매출이 높아질 것으로 기대하고 있다. 이처럼 SK바이오팜은 공모주 청약에서 제일모직 이후 역대 최대 청약증거금을 끌어모으며 뜨거운 관심을 받았다.

카카오게임즈

공모 관련 내용

—

① 공모 개요

카카오게임즈는 코스닥시장에 상장했다. 증권의 종류는 기명식 보통주로서 액면가액 대비 240배 높은 2만 4천 원에 공모가를 확정했다. 모집 주식 수는 1,600만 주로, 모집가액 2만 4천 원을 곱한 모집 총액이 약 3,840억 원 규모다.

카카오게임즈는 PC와 모바일을 아우르는 매출 포트폴리오와 신작 게임 라인업에 대한 기대감이 반영되면서 공모가가 상단에서 확정되었다.

증권의 종류	증권수량	액면가액	모집(매출) 가액	모집(매출) 총액	모집(매출) 방법
기명식 보통주	16,000,000	100	24,000	384,000,000,000	일반공모

인수인		증권의 종류	인수수량	인수금액	인수대가	인수방법
공동대표주관회사	한국투자증권	기명식 보통주	8,800,000	211,200,000,000	5,222,400,000	총액인수
공동대표주관회사	삼성증권	기명식 보통주	6,400,000	153,600,000,000	2,995,200,000	총액인수
인수회사	KB증권	기명식 보통주	800,000	19,200,000,000	230,400,000	총액인수

* 단위: 원, 주
* 자료: DART

3곳의 증권사가 참여했다. 공동대표 주관회사인 한국투자증권과 삼성증권, 인수회사 KB증권이 청약을 실시했다. 주관사와 인수회사 공모주 물량을 살펴보면 한국투자증권이 880만 주로 가장 많았다. 삼성증권 640만 주, KB증권 80만 주 순이었다.

② 모집 내용

모집은 일반투자자 20%, 기관투자자 70.49%, 우리사주조합 9.51%가 배정되었다. 관련 법률에 따라 일반투자자에게 의무적으로 20%를 배정하고, 우리사주조합에 9.51%를 우선 배정한 다음, 나머지 물량을

모집대상	주식수 (주3)	배정비율	주당 모집가액 (주4)	모집총액 (주5)	비고
우리사주조합 (주1)	1,522,088주	9.51%		36,530,112,000원	우선배정
일반투자자	3,200,000주	20.00%	24,000원	76,800,000,000원	-
기관투자자 (주2)	11,277,912주	70.49%		270,669,888,000원	(코넥스)고위험고수익투자신탁 및 벤처기업투자신탁 배청수량 포함
합계	16,000,000주	100.0%		384,000,000,000원	

* 자료: DART

기관투자자에게 배정했다. SK바이오팜과 달리 우리사주조합 배정 비율이 절반 정도 낮았고, 오히려 기관투자자의 배정 물량이 높았다.

당시 카카오게임즈는 본사는 물론 자회사 직원들에게도 우리사주조합을 개방해 회사 주식을 공모가로 취득할 수 있게 했다. 카카오게임즈의 자회사인 엑스엘게임즈, 카카오VX, 프렌즈게임즈, 라이프엠엠오 등에 조합 참여 기회를 주었다. 다만 촉박하게 결정되고 업무 일정이 서둘러지면서 우리사주조합의 참여율은 낮았다.

③ 수요예측

수요예측 참여 내역은 1,745건, 밴드 상단 초과가 1,366건이다. 기관투자자 경쟁률 1478.53:1을 기록했다. 카카오게임즈의 투자 매력이 기관투자자에게 높았음을 엿볼 수 있다. 운용사, 기타 기관투자자 건이 높았고, 외국 기관투자자도 밴드 상단에서 수요예측 참가 신청을 했다.

수요예측 분포

| 구분 | 국내 기관투자자 | | | | | | | | 외국 기관투자자 | | | | 합계 | |
| | 운용사 (집합) | | 투자매매,중개업자 | | 연기금,운용사(고유), 은행, 보험 | | 기타 | | 거래실적 유* | | 거래실적 무 | | | |
	건수	수량	건수	수량	건수	수량	건수	수량	건수	수량	건수	수량	건수	수량
밴드상단 초과	561	5,625,118,981	32	279,624,368	183	1,860,342,909	432	4,590,304,625	7	11,583,927	151	1,655,583,125	1,366	14,022,557,935
밴드 상위 75% 초과~100% 이하	17	107,679,912	5	45,248,912	12	102,200,372	24	194,491,596	39	439,804,824	11	42,000	108	889,467,616
밴드 상위 50% 초과~75% 이하	-	-	-	-	-	-	-	-	-	-	-	-	-	-
밴드 상위 25% 초과~50% 이하	-	-	-	-	-	-	-	-	-	-	-	-	-	-
밴드 중간값 초과~상위 25% 이하	-	-	-	-	-	-	-	-	-	-	-	-	-	-
밴드 중간값	-	-	-	-	-	-	-	-	-	-	-	-	-	-
밴드 중간값 미만 ~하위 25% 이상	-	-	-	-	-	-	-	-	-	-	-	-	-	-
밴드 하위 25% 미만~50% 이상	-	-	-	-	-	-	-	-	-	-	-	-	-	-
밴드 하위 50% 미만~75% 이상	-	-	-	-	-	-	-	-	-	-	-	-	-	-
밴드 하위 75% 미만~100% 이상	-	-	-	-	-	-	-	-	-	-	-	-	-	-
밴드하단 미만	-	-	-	-	-	-	-	-	-	-	-	-	-	-
미제시	43	406,673,194	3	33,833,736	5	24,799,000	21	125,786,296	99	633,782,568	100	537,798,040	271	1,762,672,634
합계	621	6,139,472,087	40	358,707,016	200	1,987,342,281	477	4,910,582,517	145	1,085,171,319	262	2,193,423,165	1,745	16,674,698,385

* 자료: DART

밴드 상단 초과에 가격을 제시한 곳에 더 많은 물량을 배정하면서 가격을 미제시한 곳은 배정 물량이 낮거나 아예 없었다. 거래실적이 없거나 운영자산규모(AUM)가 낮은 기관투자자에는 배정 스코어링(Scoring) 시스템에 따라 배정 물량을 적게 줄 수 있다.

수요예측 신청가격 분포 통계

구분	참여건수 기준		신청수량 기준	
	참여건수(건)	비율	신청수량(주)	비율
미제시	271	15.53%	1,762,672,834	10.57%
24,000원 이상	1,474	84.47%	14,912,025,551	89.43%
20,000원 이상 ~ 24,000원 미만	-	-	-	-
20,000원 미만	-	-	-	-
합계	1,745	100.00%	16,674,698,385	100.00%

* 자료: DART

수요예측에 따른 신청가격 분포를 살펴보자. 2만 4천 원 이상이 1,474건으로, 참여 건수 대비 약 85%에 해당했다. 이는 IPO 수요예측 최고 경쟁률을 기록한 결과다. 전체 기관의 약 90%가 공모가 상단에 참여했다.

일반 청약 경쟁률은 1524.85:1을 기록하면서 청약증거금만 60조 원에 육박했다. 워낙 경쟁률이 치열해서 증거금 1억 원을 내도 5주만 받을 수 있을 정도로 인기가 높았다. 그 결과 공모주 청약에서 카카오게임즈 주식을 못 받은 투자자들이 장외주식시장에서 매매를 하기도 했다.

일반투자자 청약 물량의 55%를 배정받은 한국투자증권 청약 경쟁률이 1300:1을 넘어섰고, 삼성증권 청약 경쟁률이 1200:1을 돌파하며 청약 열기가 뜨거웠다. 한국투자증권은 청약 신청자가 몰리면서 비대면 채널을 이용한 신규 계좌개설이 지연되기도 했다.

카카오게임즈는 기관 수요예측 경쟁률, 참여기관 수, 청약증거금 규모에서 모두 신기록을 경신했다. SK바이오팜에서 시작된 공모시장의 유동성이 카카오게임즈를 만나면서 최고조에 달했다. 대형 신작 출시와 실적개선 기대감이 맞물리면서 카카오게임즈 공모주 열풍을 이끌었다. 또한 '카카오'라는 브랜드 인지도와 모바일 플랫폼 경쟁력, 성장 잠재력이 높게 평가받았다.

④ 의무보유확약

카카오게임즈의 의무보유확약 비율은 총 55.7%로 SK바이오팜에 비해 낮았다. 1개월 의무보유확약 물량이 약 500건으로 가장 높았다. 수요예측에 참여한 국내 기관투자자의 의무보유확약이 끝나는 시점이 짧기 때문에 오버행 리스크가 부각되었다. 의무보유확약을 걸고

의무보유확약 현황

구분	참여 건수(건)	신청 수량(주)
6개월	118	1,237,624,852
3개월	279	2,890,798,928
1개월	496	4,866,835,880
15일	79	774,787,696
합계	972	9,770,047,356
총 참여 건수 및 신청 수량 대비 비율	55.70%	58.59%

공모주를 받은 기관투자자의 경우 확약이 끝나는 시점을 매매 시점으로 잡을 가능성이 높다.

10월에 의무보유확약이 해제되면서 카카오게임즈 주가가 하락한 적이 있었다. 기관투자자가 받은 1,127만 7,912주 중에서 38.6%에 해당하는 435만 9,047주가 이날 1개월 의무보유확약이 해제되었고 그 결과 주가가 하락했다.

기업 개요

—

카카오게임즈는 PC·모바일 게임 개발, 퍼블리싱 사업을 영위한다. 자회사가 개발한 게임과 외부에서 개발한 게임을 소싱해서 퍼블리싱 하는 것이 주요 사업이다. 프렌즈게임즈, 엑스엘게임즈, 애드페이지 등 자회사를 통해 다양한 장르의 게임을 개발한다.

2013년 8월, 모바일 게임 개발과 서비스 제공을 목적으로 설립되었다. 2016년 4월에는 다음 게임과의 합병을 통해 PC 게임과 모바일 게임을 아우르는 퍼블리셔(publisher)로 출범했다. 2017년 11월 카카오의 게임사업 부문을 양수하면서 게임사업에 집중했다. 게임 개발력을 확보하고 게임 개발, 퍼블리싱, 플랫폼 역량을 지닌 종합 게임사로서의 면모를 갖추었다.

밸류에이션 산정

—

국내외 주식시장에 상장된 유사회사를 대상으로 카카오게임즈 PER 가치평가를 진행했다. PER은 주가를 주당 순자산 가치로 나눈 값이다. 기업 수익성, 성장성, 위험 등이 총체적으로 반영된 일반적인 지표다. 개별 기업의 수익성, 성장성, 위험 등을 반영해 업종 평균 대비 할증 또는 할인을 적용할 수 있다.

카카오게임즈와 유사한 사업을 영위하는 기업을 선별해 공모가액을 산정했다. 4차에 걸친 필터링을 통해 텐센트 홀딩스, 넷마블, 엔씨소프트를 유사기업으로 선정했다. 그리고 이 기업들을 대상으로 상대가치를 평가했다.

상대 기업의 기준주가는 Min[평가 기준일(최근 일) 종가, 1주일 평균 종가, 1개월 평균 종가]을 적용했다. 유사기업의 평균 PER은 34.9배이고, 카카오게임즈의 2020년 누적 순이익 예상치를 650억 원으로 추정해서 멀티플을 적용하니 주당 평가가액이 2만 9,950원이었다. 적용 주식 수는 총 7,576만 8,395주로, 발행주식 5,720만 4,731주, 신주모집 주식

유사회사 선정 프로세스

구분	선정기준	세부 검토기준	해당 기업
1차	업종 관련성	① App Annie 2020년 기준 글로벌 Top52 퍼블리셔 중 상장회사	36개사
2차	사업의 유사성	① 최근 사업연도 매출액 중 게임 관련 매출 비중이 가장 높을 것	21개사
3차	재무적 유사성	① 최근 5사업연도 매출액 연평균성장률 10% 이상 시현하였을 것 ② 최근 사업연도 영업이익 및 지배주주순이익을 시현하였을 것	9개사
4차	비재무적 유사성	① 모바일게임 사업과 PC게임 사업을 동시에 영위할 것 ② 게임 사업 중 주된 사업이 콘솔게임, 소셜카지노 게임이 아닐 것	4개사

* 자료: DART

1,600만 주, 1년 이내 주식매수선택권 행사로 희석 가능한 주식 256만 3,664주를 합산한 수치다.

주당 희망 공모가액은 주관사와 협의해서 약 20%의 할인율을 적용했고, 확정 공모가액은 2만 4천 원이다.

밸류에이션 산출은 다음 도표를 참고하길 바란다.

희망 공모가액 산출 내역

구분	내용	비고
적용순이익(백만 원)	65,020	A
적용 PER(배)	34.90	B
평가 시가총액(백만 원)	2,269,299	C = A X B
적용주식수(주)	75,768,395주	D
주당 평가가액(원)	29,950원	E = C / D

* 단위: 백만 원, 배, 주, 원
* 자료: DART

결론

—

카카오게임즈는 상장과 동시에 코스닥 시가총액 5위(4조 6천억 원)로 올라서며 그 존재감을 드러냈다. 코스닥 상장일의 시가총액 기준으로 보면 한통프리텔, 셀트리온헬스케어 다음으로 세 번째로 큰 규모였다. 그 결과 최대주주인 카카오, 에이스빌, 넷마블 등이 막대한 이익을 얻었다. 카카오게임즈도 SK바이오팜처럼 따상을 기록했다.

카카오게임즈는 '한국의 텐센트게임즈'가 될 수 있다는 평가를 받으면서 사람들의 이목이 집중되었다. 카카오게임즈의 주가는 부담 없는 공모가, 긍정적인 단기 성장 전망, IPO 시장 열기 등으로 인해 상장 초기 공모가인 2만 4천 원보다 높은 수준에서 유지될 것으로 예상했다.

2020년 출시작 가디언테일즈가 기대 이상의 성과를 얻었고, 엘리온, 오딘 등의 성과 덕분에 단기 성장 전망도 긍정적이었다. 그리고 카카오의 플랫폼, 콘텐츠 생태계, M&A를 적극 활용한 텐센트게임즈식 중장기 성장전략 또한 유효할 것으로 내다봤다.

카카오게임즈는 공모자금을 활용해 퍼블리싱 위주의 매출 구조를 보완하기 위해 인수·합병 등으로 게임 소싱, IP 확보를 활발히 진행할 것이다. 2020년 2월 기존의 퍼블리싱을 진행했던 엑스엘게임즈(모바일 게임 '달빛조각사'의 개발사)를 인수하며 향후 독립 개발사들과의 전략적 파트너십을 기반으로 투자를 이어갈 것으로 보인다.

2020년 예상 순이익 기준으로 공모 희망가는 27.3~32.8배 수준인데 2021년까지 본격화되는 대형 신작 출시에 따른 실적 성장을 감안할 때, 시장에서는 '매력적인 밸류에이션'이라 평가된다.

하이브

공모 관련 내용

—

① 공모 개요

하이브는 먼저 '빅히트엔터테인먼트'라는 명칭으로 코스피시장에 상장했다. 증권의 종류는 기명식 보통주로서 액면가액 대비 275배가 높은 13만 5천 원으로 공모가를 확정했다. 모집 주식 수는 713만 주로, 모집가액 13만 5천 원을 곱한 모집 총액이 약 9,630억 원 규모다.

하이브는 방탄소년단의 가치를 인정받고 플랫폼 기업으로서의 포지셔닝에 성공했다. 모집 총액이 1조 원에 육박하면서 5곳의 주관사 및 인수회사에 배분되었다. 상장 공모는 일반공모 방식으로 진행되었다.

증권의 종류	증권수량	액면가액	모집(매출) 가액	모집(매출) 총액	모집(매출) 방법
기명식보통주	7,130,000	500원	135,000	962,550,000,000	일반공모

인수인		증권의 종류	인수수량	인수금액	인수대가	인수방법
공동대표주관회사	NH투자증권	기명식보통주	2,495,500	336,892,500,000	2,695,140,000	총액인수
공동대표주관회사	한국투자증권	기명식보통주	2,139,000	288,765,000,000	2,310,120,000	총액인수
공동대표주관회사	제이피모간증권회사 서울지점	기명식보통주	1,639,900	221,386,500,000	1,771,092,000	총액인수
공동주관회사	미래에셋대우	기명식보통주	713,000	96,255,000,000	770,040,000	총액인수
인수회사	키움증권	기명식보통주	142,600	19,251,000,000	154,008,000	총액인수

* 단위: 주, 원
* 자료: DART

공동대표 주관회사인 NH투자증권, 한국투자증권, JP모건 서울지점에서 진행했다. 공동 주관회사로는 미래에셋대우, 인수회사로는 키움증권이 참여했다. 9,625억 원 규모의 모집 총액 중에서 일반청약 대상 모집 총액은 약 1,925억 원이었다.

주관사 및 인수회사 배정 물량은 NH투자증권이 249만 5,500주로 가장 많았고, 한국투자증권, JP모건, 미래에셋대우, 키움증권 순이었다. 배정 금액이 높은 때는 물량을 소화할 수 있는 대형 증권사를 선택하는 것이 일반적이다.

② 모집 내용

일반투자자 20%, 기관투자자 60%, 우리사주조합 20%가 배정되었다. 관련 법률에 따라 일반투자자에게 의무적으로 20%, 우리사주조합에 20%를 우선 배정하며, 나머지 물량은 기관투자자에 배정되었다. 우리사주조합 신청을 진행하는 과정에서 사전 청약률이 높았다. 이는 회사의 가치를 높게 평가한 투자자의 기대감이 반영된 것으로 보인다.

공모대상	주식수	배정비율	주당 공모가액	공모총액	비고
우리사주조합	1,426,000주	20.00%	135,000원	192,510,000,000원	우선배정
일반청약자	1,426,000주	20.00%		192,510,000,000원	-
기관투자자	4,278,000주	60.00%		577,530,000,000원	고위험고수익투자신탁 배정수량 포함
합계	7,130,000주	100.00%		962,550,000,000원	

* 자료: DART

③ 수요예측

수요예측 참여 내역은 1,420건, 기관투자자 경쟁률이 1117.25:1을 기록했다. 주체별로 경쟁률을 살펴보면 운용사 415.06:1, 투자 매매·중개업자 29.02:1, 연기금·운용사(고유자산)·은행·보험 212.98:1, 기타 272.01:1이었다. 공모주 열풍을 일으킨 SK바이오팜보다 높은 수준이나 카카오게임즈보다는 낮았다. 기관투자자의 하이브 공모 열기는 지속되었다.

구분	국내 기관투자자 운용사(집합) 건수	수량	투자매매,중개업자 건수	수량	연기금,운용사(고유),은행,보험 건수	수량	기타 건수	수량	외국 기관투자자 거래실적 유* 건수	수량	거래실적 무 건수	수량	합계 건수	수량
밴드상단초과	195	715,327,000	5	21,390,000	104	384,988,000	118	423,137,000	-	-	-	-	422	1,544,842,000
밴드 상위75% 초과~100% 이하	258	964,017,000	26	102,771,000	145	513,301,000	197	716,115,000	125	90,662,789	208	714,365,000	959	3,121,231,789
밴드 상위50% 초과~75% 이하	-	-	-	-	-	-	-	-	-	-	-	-	-	-
밴드 상위25% 초과~50% 이하	-	-	-	-	1	8,000	-	-	-	-	-	-	1	8,000
밴드 중간값	-	-	-	-	-	-	-	-	-	-	-	-	-	-
밴드 중간값 미만~하위 25% 이상	-	-	-	-	-	-	1	1,000	-	-	-	-	1	1,000
밴드 하위 25% 미만~50% 이상	-	-	-	-	-	-	-	-	-	-	-	-	-	-
밴드 하위 50% 미만~75% 이상	-	-	-	-	-	-	-	-	-	-	-	-	-	-
밴드 하위 75% 미만~100% 이상	-	-	-	-	-	-	-	-	-	-	-	-	-	-
밴드 하단미만	-	-	-	-	-	-	-	-	-	-	-	-	-	-
미제시	25	76,277,000	-	-	3	12,834,000	9	24,420,000	-	-	-	-	37	113,531,000
합계	478	1,775,821,000	31	124,161,000	253	911,131,000	325	1,163,573,000	125	90,662,789	208	714,365,000	1,420	4,779,613,789

* 자료: DART

구분	참여건수 기준		신청수량 기준	
	참여건수(건)	비율	신청수량(주)	비율
135,000원 이상	1,381	97.25%	4,666,073,789	97.62%
105,000원 이상 ~ 135,000원 미만	2	0.14%	9,000	0.00%
105,000원 미만	-	-	-	-
미제시	37	2.61%	113,531,000	2.38%
합계	1,420	100.00%	4,779,613,789	100.00%

* 자료: DART

수요예측 분포는 총 1,420건으로, 밴드 상단 초과 442건, 밴드 상위 75% 초과~100% 이하는 959건을 기록했다. 카카오게임즈에 비해 수요예측 분포는 좋지 않았지만, 밴드 상단 부근에서 기관투자자가 가격을 제시한 건수가 많았다.

수요예측 결과 13만 5천 원 이상이 1,381건이었다. 참여 건수 대비 약 97.25%에 해당하는 수치로, 신청 수량 기준으로 보면 97.62%에 해당한다. 기관투자자 대부분이 공모가 희망 밴드의 최상단인 10만 5천 ~13만 5천 원을 써냈다.

2020년 9월, 하이브 수요예측에 국내외 기관투자자 1,420곳이 참여하면서 공모주 흥행을 이어갔다. 일반 청약 경쟁률 609.97:1을 기록하며 청약증거금만으로 약 58조 5천억 원이 몰렸다. 치열한 경쟁률 때문에 1억 원의 증거금을 냈더라도 받은 주식 수는 2.4주에 불과했다.

NH투자증권이 가장 많은 모집 수량을 기록했다. 약 64만 8천 주였다. 뒤를 이어 한국투자증권 55만 6천 주, 미래에셋대우 18만 5천 주,

키움증권 3만 7천 주를 기록했다. 경쟁률은 한국투자증권 663.48:1, 미래에셋대우 589.74:1, NH투자증권 564.69:1, 키움증권 585.23:1이었다. 평균 경쟁률이 606.96:1 수준이었다.

청약 마감시간이 다가올수록 하이브 청약 경쟁률이 높아졌다. 일반적으로 공모주 청약은 첫날보다 마지막 날에 몰리는 경향이 있으니 이 점을 참고하자.

④ 의무보유확약

하이브의 의무보유확약 신청 물량은 총 43.85%로 카카오게임즈에 비해 낮았다. 의무보유확약 배정 수량 기준으로 1개월, 6개월 물량이 각각 30.88%, 24.83%로 높았다.

당시 하이브 상장 직후에 메인스톤과 이스톤 제1호 사모투자 합자회사가 158만 주를 팔았다. 4대 주주가 상장 직후부터 현금화에 나선 것으로 확인되면서 의무보호확약에 대한 불신이 있었다. 현재는 의무

의무보유확약 현황

구분	배정 수량(주)	비율(%)
미확약	926,151	21.63
15일	205,463	4.80
1개월	1,322,416	30.88
3개월	765,179	17.87
6개월	1,063,100	24.83
합계	4,282,309	100.00

* 자료: DART

보유확약 보호예수가 풀린 상태다. 상장 후 1개월, 3개월, 6개월 물량
이 풀리는 시점에 투자심리가 위축되면서 하이브 주가는 하락했다.

기업 개요

—

빅히트엔터테인먼트는 2005년 2월에 설립되었다. 상장 이후에는
사명을 하이브로 변경했다. 방탄소년단이 세계적인 인기를 끌면서 한
류의 새로운 역사를 썼다.

하이브는 연예 기획사가 아닌 위버스(weverse)를 활용한 플랫폼
비즈니스로 포지셔닝 했다. 위버스를 통해 온라인 콘서트, 멤버십 운
영, MD와 굿즈를 판매하며 수익을 얻는 구조다. 방탄소년단의 강력
한 팬덤 덕분에 플랫폼 비즈니스가 확장했고 이는 하이브의 핵심 경
쟁력이 되었다.

밸류에이션 산정

—

하이브는 상대가치 평가 방법 중에서 EV/EBITDA를 적용했
다. EV/EBITDA는 기업가치(EV; Enterprise Value)를 세전영업이
익(EBITDA)으로 나눈 값으로, 기업의 적정 주가를 판단하는 데 사용
된다. 즉 기업가치(EV)를 세금과 이자를 내지 않고 감가상각도 하지

않은 상태에서 이익(EBITDA)으로 나눈 수치다.

EV/EBITDA는 기업의 수익성을 잘 반영하고, 영업의 수익성과 기업가치를 연결시킨 것으로 총체적으로 평가할 수 있다. PER 가치평가 시 야기되는 감가상각법 등 회계처리 방법, 이자율, 법인세 등의 차이에 의한 가치평가 왜곡이 없다.

하이브는 현재 IP 사업화 인프라 및 플랫폼 투자, 적극적인 M&A

유사회사 선정 프로세스

구 분	선정 기준	세부 검토 기준	선정 결과
1차 비교회사	업종 관련성	① 한국표준산업분류 상 "음악 및 기타 오디오물 출판업 (J59201)", "포털 및 기타 인터넷 정보매개 서비스업 (J63120)", "자료처리, 호스팅 및 관련 서비스업 (J63110)"에 속한 유가증권시장 혹은 코스닥시장 상장회사	제이와이피엔터테인먼트, 와이지엔터테인먼트, 에스엠, 큐브엔터, NAVER, 카카오, 다우기술, 케이아이엔엑스, 사람인에이치알, 키다리스튜디오, 디지틀조선, 줌인터넷, 플리토, 아시아경제, 카페24, 가비아, YG PLUS, 한일네트웍스 등 18개사
2차 비교회사	사업의 유사성	① 2019년 매출액 중 음악 콘텐츠 사업(매니지먼트 사업, 음반 원 제작, 공연 사업 등) 관련 비중이 50% 이상이거나, ② 음악 콘텐츠 유통 및 팬덤 커뮤니티 플랫폼 서비스를 운영하는 기업일 것	제이와이피엔터테인먼트, 와이지엔터테인먼트, 에스엠, 큐브엔터, NAVER, 카카오, YG PLUS 등 7개사
3차 비교회사	재무적 유사성	① 기준시가총액 2천억원 이상의 기업일 것	제이와이피엔터테인먼트, 와이지엔터테인먼트, 에스엠, NAVER, 카카오, YG PLUS 등 6개사
최종 비교회사	비재무적 기준	① 최근 사업연도 감사의견이 적정일 것 ② 신고서 제출일 기준 6개월 내 투자위험종목, 관리종목, 불성실공시법인 등으로 지정된 사실이 없을 것 ③ 최근 1년간 합병 발생 등 중대한 경영상 이슈 존재 여부 ④ 상장 이후 1년 이상 경과하였을 것	제이와이피엔터테인먼트, 와이지엔터테인먼트, NAVER, 카카오, YG PLUS 등 5개사

* 자료: DART

158

로 기업 규모를 키우고 시장점유율을 확대하고 있다. 콘텐츠 및 인프라 투자와 관련한 각종 상각비 처리 등의 차이에 의한 효과를 배제하고자 EV/EBITDA를 가치평가 모델로 활용했다.

비교기업은 하이브와 유사한 사업을 영위하는 기업으로 선정했다. 3차에 걸친 필터링을 통해 JYP엔터테인먼트, YG엔터테인먼트, YG PLUS, NAVER, 카카오 등 총 5개 기업을 유사기업으로 선정했다. 비교기업의 기준주가는 Min[평가 기준일(최근 일) 종가, 1개월 평균 종가]을 적용했다.

〈EV/EBITDA 산출 계산 방법〉

- EV = 시가총액 + 순부채(순현금)
- 시가총액 = 기준주가 × 발행주식 수
- 순부채 = 이자지급성 부채(장단기 차입금. 유동성 장기부채, 사채, 리스 부채 등) − 현금성자산(현금 및 현금성자산, 단기금융상품 등)
- EBITDA = 영업이익 + 유형자산 감가상각비 + 무형자산 감가상각비

하이브의 EBITDA 비교기업×산술평균 EV/EBITDA 배수를 적용하여 EV를 산출했다. 산출된 EV에서 하이브의 순부채 금액을 차감해 시가총액을 산출했다. 그리고 시가총액을 발행주식 수(희석 가능 주식 수 포함)로 나누어 1주당 가치를 산출했다.

하이브의 적용 주식 수는 총 3,595만 9,760주로 이는 상장예정 보통주 3,384만 6,192주, 상환전환우선주 177만 7,568주, 미행사 스톡옵

구 분	제이와이피 엔터테인먼트	와이지 엔터테인먼트	YG PLUS	NAVER	카카오
발행주식수	35,494,992	18,329,259	58,464,821	164,263,395	88,013,995
기준주가	33,956	45,795	4,154	313,340	367,000
기준시가총액	1,205,268	839,388	242,863	51,470,292	32,301,136
순부채(주1)	(83,765)	(77,737)	(19,847)	(1,790,055)	(1,805,141)
EV	1,121,503	761,651	223,016	49,680,237	30,495,995
2020년 반기 EBITDA	24,377	8,870	1,763	746,766	308,828
연환산 EBITDA(주2)	48,754	17,739	3,526	1,493,532	617,656
EV/EBITDA	23.00	42.94	63.25	33.26	49.37
평균 EV/EBITDA	42.36				

* 단위: 백만 원, 원, 주, 배
* EBITDA는 연 환산(×2)하여 산출

션 33만 6천 주를 합산한 수치다. 주관사와 협의해 할인율 약 20%를 적용했고, 확정 공모가액은 2만 4천 원이다.

밸류에이션 산출은 위 도표를 참고하길 바란다. 비교기업의 데이터를 반영한 결과 EBITDA 산술평균은 42.36배다.

EV를 구하는 데 순부채 계산이 필요하다. 앞서 순부채를 구하는 산식인 '순부채=이자지급성 부채(장단기 차입금. 유동성 장기부채, 사채, 리스 부채 등)−현금성자산(현금 및 현금성자산, 단기금융상품 등)'을 적용해 계산하면 결과값이 나온다.

반기 기준 재무제표를 바탕으로, 연으로 환산한 다음 적용하면 EBITDA는 약 1,218억 원이다. 여기에 비교기업의 평균 EV/EBITDA인 42.36배를 곱하면 평가 EV는 약 5,162억 원이다. 평가 EV에 순부채를 차감하면 평가 총액은 약 5,756억 원이다. 평가 총액에서 적용 주식 수를 나누면 주당 평가가액은 16만 92원이다.

비교기업의 순부채 계산내역

구 분	제이와이피 엔터테인먼트	와이지 엔터테인먼트	YG PLUS	NAVER	카카오
현금및현금성자산	37,729	52,883	13,211	3,711,106	1,812,572
단기금융상품	48,442	55,207	22,805	510,775	476,787
단기차입금	–	4,488	7,194	813,954	195,604
유동성장기차입금	–	3,206	–	–	–
유동리스부채	1,361	5,657	2,447	191,525	73,653
장기차입금	–	12,082	2,853	33	38,645
비유동리스부채	1,045	4,920	3,675	634,020	176,316
사채	–	–	–	792,294	–
순부채	(83,765)	(77,737)	(19,847)	(1,790,055)	(1,805,141)

* 단위: 백만 원
* 자료: DART

EV/EBITDA 배수를 적용한 상대가치 산출 결과

구 분	내 용	비 고
적용 EBITDA(주1)	121,854 백만 원	2020년 반기 EBITDA 연환산
적용 EV/EBITDA 배수	42.36 배	–
평가 EV	5,162,257 백만 원	(A)
순부채(주2)	(594,608 백만 원)	(B)
평가총액	5,756,865 백만 원	(A) – (B)
적용주식수(주3)	35,959,760 주	–
주당 평가가액	160,092 원	–

* 자료: DART

하이브 EBITDA 및 순부채 산출 내역은 162페이지 도표를 참고하
길 바란다.

EV/EBITDA 상대가치 산출 결과를 적용하고 수요예측을 한 결과
34.41~15.67%를 할인율로 적용했다. 확정 공모가는 공모 희망가액

하이브 EBITDA

구 분	금 액	비 고
영업이익	49,755 백만 원	2020년 반기 연결 검토보고서 기준
유형자산 및 무형자산 상각비	11,172 백만 원	
EBITDA	60,927 백만 원	
연환산 EBITDA	121,854 백만 원	반기 EBITDA × 2

* 자료: DART

하이브 순부채

구 분	금 액	비 고
현금및현금성자산	197,626 백만 원	-
단기금융자산	-	-
공모자금유입액	748,650 백만 원	공모금액 하단 기준
유동리스부채	20,420 백만 원	-
유동성장기부채	988 백만 원	-
비유동리스부채	130,065 백만 원	-
장기차입금	200,193 백만 원	-
순부채(순현금)	(594,608 백만 원)	-

* 자료: DART

상단인 13만 5천 원이다.

증권사 리포트에 따르면 국내 주요 기획사 3사 및 플랫폼·콘텐츠 기업의 2021년 평균 PER을 33배 수준으로 평가했다. 하이브는 플랫폼 매출 기여도가 높아질 것이다. 또한 콘텐츠 업체와 비슷하게 보유 IP를 활용해서 웹툰, 게임, 드라마, 교육 콘텐츠 등 다양한 사업으로

구 분	내 용
상대가치 주당 평가가액	160,092 원
평가액 대비 할인율	34.41% ~ 15.67%
공모희망가액	105,000 원 ~ 135,000 원
확정 공모가액(주1)	135,000원

* 자료: DART

확장할 수 있는 모델을 보유하고 있다. 이 점이 반영되어서 네이버, 카카오, 디즈니 등 콘텐츠 업체와 비교해 높은 밸류에이션을 받았다. 위버스 플랫폼 강화에 따른 이익 증대와 플랫폼 사업의 가치를 반영할 때 밸류에이션 리레이팅이 가능하다.

결론

―

하이브는 상장과 동시에 따상을 기록하며 35만 1천 원에 거래되었다. 시가총액이 단숨에 11조 8,800억 원으로 오르면서 코스피 시가총액 27위를 차지했다. 기관투자자 수요예측과 일반청약에서 흥행하면서 증시에 화려하게 입성했다

하이브는 방탄소년단을 필두로 하는 강력한 아티스트 라인업, 다각도의 IP 활용, 팬 커뮤니티·커머스 플랫폼인 위버스를 통한 제작과 유통으로 수익을 올리고, 팬덤 락인(Lock-in) 효과 등으로 실적 증가

를 견인할 것으로 전망된다.

하이브는 상장 당시, 일반 팬 약 3억 6천만 명, 라이트 팬(Light fan, 운동 경기나 선수 또는 연극, 영화, 음악 따위나 배우, 가수 등에게 관심과 호감을 가지고 가볍게 즐기는 팬) 8,700만 명, 미드앤코어(Mid&Core) 팬 70만 명 등 단계별로 팬을 보유하고 있었다. 이는 엄청난 경쟁력이었다. 다만 방탄소년단에 대한 의존도가 높고 코로나19가 장기화되면서 우려의 시각도 있다.

하이브는 걸그룹 '여자친구'의 소속사인 쏘스뮤직, 보이그룹 '세븐틴'과 '뉴이스트'의 소속사인 플레디스엔터테인먼트를 인수했다. 한편 CJ ENM과 자본금 70억 원 규모로 빌리프랩을 설립해 레이블 확장을 계획하고 있다.

코로나19 상황으로 공연 매출이 거의 없었는데도 하이브의 실적이 양호했던 이유는 무엇일까? 바로 위버스 덕분이었다. 위버스는 아티스트와 팬을 연결시키는 소통 채널이 되면서 구독 및 유료 스트리밍에 기반한 콘텐츠, 커머스 플랫폼으로 팬들에게 맞춤형 콘텐츠를 제공하면서 시장의 관심을 끌었다.

2021년 11월 하이브는 두나무와 지분 교환을 통한 NFT 합작법인 설립 계획을 발표했다. 그리고 AI 기반 콘텐츠 제작사인 자이언트스텝에 40억 원을 투자했으며, 네이버의 메타버스 플랫폼인 제페토를 운영하는 네이버 제트(NAVER Z)에도 투자했다.

2021년 11월 4일에 열린 하이브의 사업설명회에서 방시혁 하이브 의장은 "확장된 팬 경험을 위해 NFT를 발행하겠다"고 밝혔다. 이는 아티스트 지식재산권(IP) 기반의 NFT를 발행하겠다는 뜻이다. K팝의 인기가 전 세계로 확산되면서 플랫폼과 메타버스 등 새로운 활로를 통해 팬덤 수익화의 범위를 확대하겠다는 취지로 해석된다.

SK바이오사이언스

공모 관련 내용

—

① 공모 개요

SK바이오사이언스는 코스피시장에 상장했다. 증권의 종류는 기명식 보통주로서 액면가액 대비 130배 높은 6만 5천 원으로 공모가를 확정했다. 모집 주식 수는 2,295만 주로, 모집가액 6만 5천 원을 곱한 모집 총액이 약 1조 4,907억 원 규모다.

SK바이오사이언스는 백신 기업으로 불릴 만큼 백신 개발과 제조 경쟁력을 갖추고 있다. 코로나19 대유행으로 백신 수요가 증가하면서 IPO 시장에서도 뜨거운 관심을 모았다. 모집 총액이 1조 5천억 원에

증권의 종류	증권수량	액면가액	모집(매출) 가액	모집(매출) 총액	모집(매출) 방법
기명식보통주	22,950,000	500	65,000	1,491,750,000,000	일반공모

인수인		증권의 종류	인수수량	인수금액	인수대가	인수방법
대표주관회사	NH투자증권	기명식보통주	8,491,500	551,947,500,000	4,415,580,000	총액인수
공동주관회사	한국투자증권	기명식보통주	5,278,500	343,102,500,000	2,744,820,000	총액인수
공동주관회사	미래에셋대우	기명식보통주	5,049,000	328,185,000,000	2,625,480,000	총액인수
인수회사	SK증권	기명식보통주	1,836,000	119,340,000,000	954,720,000	총액인수
인수회사	삼성증권	기명식보통주	1,147,500	74,587,500,000	596,700,000	총액인수
인수회사	하나금융투자	기명식보통주	1,147,500	74,587,500,000	596,700,000	총액인수

* 단위: 주, 원
* 자료: DART

육박하면서 6곳의 주관사 및 인수회사에 배분되었다.

대표 주관회사인 NH투자증권을 주축으로 공동 주관회사인 한국투자증권, 미래에셋대우가 참여했다. 인수회사로는 SK증권, 삼성증권, 하나금융투자가 참여했다. 주관사와 인수회사에 배정된 물량은 NH투자증권이 가장 많았고 한국투자증권, 미래에셋대우, SK증권, 삼성증권, 하나금융투자 순이었다. 당시 SK 계열사인 SK증권은 인수 수수료, 개인투자자 계좌개설 증가 덕분에 주가가 오르기도 했다.

② 모집 내용

2020년 12월 청약 제도가 개선되면서 2021년부터 일반청약 시에 공모주 균등배정이 도입되었다. 일반투자자에게 배정되는 공모주 물량의 절반은 균등배정, 나머지 절반은 비례배정으로, SK바이오사이언스에 적용되었다. 세부내역을 살펴보면 일반투자자 25~30%, 기관

모집 내용

공모대상	주식수	배정비율	주당 공모가액	일반공모총액	비고
우리사주조합	4,590,000 주	20.0%		298,350,000,000 원	-
일반청약자	5,737,500 주 ~ 6,885,000 주	25.0% ~ 30.0%	65,000원 (주6)	372,937,500,000 원 ~ 447,525,000,000 원	-
기관투자자	12,622,500 주 ~ 17,212,500 주	55.00% ~ 75.00%		820,462,500,000 원 ~ 1,118,812,500,000 원	고위험고수익투자신탁 배정물량 포함
합계	22,950,000 주	100.0%		1,491,750,000,000 원	-

* 자료: DART

투자자 55~75%, 우리사주조합 20%가 배정되었다. 관련 법률에 따라 일반투자자에게 의무적으로 25% 이상을 배정하고, 우리사주조합에 20%를 우선 배정했으며 나머지 물량은 기관투자자에게 배정했다. 그 래서 SK바이오사이언스는 균등배정 일반청약자의 수량이 늘었다.

③ 수요예측

수요예측 참여 내역은 1,464건으로 기관투자자 경쟁률이 1275.47:1 이다. 경쟁률이 SK바이오팜 835.66:1, 하이브 1115.25:1보다 높았으나 카카오게임즈 1478.53:1보다는 낮았다. 1999년 공모주 배정에 수요예 측 제도가 도입된 이후 2020년 최고 경쟁률을 기록했다. 이는 명신산 업의 경쟁률 1196:1을 제친 기록이다. 하이브에 이어 1000:1이 넘는 수요로 인기가 지속되었다.

수요예측 경쟁률은 각 투자자별 경쟁률을 합산한다. 주체별로 살 펴보면 운용사 449.49:1, 투자매매·중개업자 28.42:1, 연기금·운용사 (고유자산)·은행·보험 242.16:1, 기타 311.17:1이다.

구분	국내 기관투자자										외국 기관투자자				합계	
	운용사(집합)		투자매매, 중개업자		연기금, 운용사(고유), 은행, 보험		기타				거래실적 유		거래실적 무			
	건수	수량	건수	수량	건수	수량	건수	수량			건수	수량	건수	수량	건수	수량
밴드상단초과	412	4,614,489,000	23	268,023,000	233	2,553,390,000	294	3,412,833,000			22	740,862,500	151	1,893,338,000	1,135	12,982,935,500
밴드 상위 75% 초과~100% 이하	55	610,783,000	9	90,737,000	43	452,784,000	45	489,174,000			108	909,873,714	11	38,666,000	271	2,592,017,714
밴드 상위 50% 초과~75% 이하	-	-	-	-	-	-	-	-			-	-	-	-	-	-
밴드 상위 25% 초과~50% 이하	-	-	-	-	-	-	-	-			-	-	-	-	-	-
밴드 중간값 초과~상위 25% 이하	-	-	-	-	-	-	-	-			-	-	-	-	-	-
밴드 중간값	-	-	-	-	-	-	-	-			-	-	-	-	-	-
밴드 중간값 미만 ~하위 25% 이상	-	-	-	-	-	-	-	-			-	-	-	-	-	-
밴드 하위 25% 미만~50% 이상	-	-	-	-	-	-	-	-			-	-	-	-	-	-
밴드 하위 50% 미만~75% 이상	-	-	-	-	-	-	-	-			-	-	-	-	-	-
밴드 하위 75% 미만~100% 이상	-	-	-	-	-	-	-	-			-	-	-	-	-	-
밴드하단미만	-	-	-	-	-	-	-	-			-	-	-	-	-	-
미제시	46	448,371,000	-	-	5	50,493,000	7	25,746,000			-	-	-	-	58	524,610,000
합계	513	5,673,643,000	32	358,760,000	281	3,056,667,000	346	3,927,753,000			130	1,150,736,214	162	1,932,004,000	1,464	16,099,563,214

★ 자료: DART

수요예측 분포는 총 1,464건으로 밴드 상단 초과 1,135건, 밴드 상위 75% 초과~100% 이하가 271건이다. 수요예측 분포에서 밴드 상단 초과 비중이 약 80%다.

SK바이오사이언스가 위탁 생산하는 코로나19 백신(아스트라제네카)을 접종한 뒤 사망자가 발생했다. 그러면서 공모주 청약에도 걸림돌이 되는 것 아니냐는 분위기가 일부 있었다. 하지만 질병관리청 피해조사반은 "백신 접종과 사망 사이의 인과관계는 없다"라고 잠정 결론을 내렸다. 그 결과 SK바이오사이언스는 기관투자자 수요예측에 성공적인 결과를 냈다.

수요예측 결과 6만 5천 원 이상이 1,406건으로 이는 참여 건수 대비 약 96.04%에 해당한다. 6개 주관 증권사 일반공모주 청약 통합 경쟁률 335.4:1, 청약증거금 약 64조 6천억 원이 몰리면서 역대 최대치를 달성했다. 2020년 9월에 역대 최대치를 달성한 카카오게임즈의 58조 6천억 원을 넘어선 수치다.

구분	참여건수 기준		신청수량 기준	
	참여건수(건)	비율	신청수량(주)	비율
65,000원 이상	1,406	96.04%	15,574,953,214	96.74%
49,000원 이상 ~ 65,000원 미만	-	-	-	-
49,000원 미만	-	-	-	-
미제시	58	3.96%	524,610,000	3.26%
합계	1,464	100.00%	16,099,563,214	100.00%

* 자료: DART

NH투자증권, 한국투자증권, 미래에셋대우, SK증권, 삼성증권, 하나금융투자 등 6개 증권사에서 청약을 진행했다. 인수 물량을 보면 대표 주관회사인 NH투자증권(212만 2,875주)이 가장 많았고, 한국투자증권(131만 9,625주), 미래에셋대우(126만 2,250주), SK증권(45만 9,000주), 삼성증권(28만 6,875주), 하나금융투자(28만 6,875주) 순이었다.

NH투자증권은 경쟁률 334.31:1을 기록했고, 청약증거금 23조 4천억 원이 몰렸다. 1억 원을 투자하면 균등배정으로 1주, 배례배정으로 4주를 받아 최소 5주를 받는 것이다. 균등배정을 실시한 이후로 기존의 일반청약 물량보다는 더 받을 수 있었다.

한국투자증권은 경쟁률 371.54:1, 청약증거금 16조 2천억 원, 미래에셋대우는 경쟁률 326.33:1, 청약증거금 13조 6천억 원, SK증권 225.18:1, 청약증거금 3조 4천억 원이었다. 중복청약이 가능했기 때문에 일반투자자가 증권사 여러 곳에 청약을 한 것으로 보인다.

그런데 균등배정 제도 때문에 1주도 못 받은 투자자도 있었다. 삼성증권, 하나금융투자에 배정 물량보다 청약자가 더 몰리면서 최소청약으로 1주도 못 받은 것이다. 반면에 계좌 쪼개기로 중복청약에 나선 투자자는 이득을 봤다. 결국 공모주 배정 물량이 많은 주관사를 선택하는 것이 중요하다.

수요예측 및 확정공모를 정리해보자. 바이오 의약품의 CMO 사업은 가파른 성장이 전망되는 산업 분야다. 그만큼 SK바이오사이언스의 공모주 청약은 프리미엄, 균등배정 도입, 중복청약 막차였기 때문에 그 열기가 뜨거웠다.

④ 의무보유확약

전체 기관투자자 신청 수량 중에서 59.9%가 최소 15일에서 최대 6개월까지 공모주를 팔지 않겠다는 확약을 했다. 남은 40.1%는 미확약 물량이다. 이는 기관투자자가 받아갈 공모주 10주 중에서 4주는 상장 직후에 바로 매도 물량으로 나올 수 있다는 뜻이다.

의무보유확약 현황

구분	참여 건수(건)	전체 신청 수량(주)	전체 신청 수량 대비 비율(%)
6개월	191	2,194,034,000	13.6
3개월	327	3,595,764,000	22.3
1개월	287	3,246,456,500	20.2
15일	52	610,574,000	3.8
확약 합계	857	9,646,828,500	59.9
미확약	607	6,452,734,714	40.1

* 자료: DART

의무보유확약 기간별로 살펴보면 상장 후 3개월 동안 팔지 않겠다는 비율이 22.3%로 가장 많았다. 다음으로 1개월 확약 20.2%, 6개월 확약 13.6%, 15일 확약 3.8% 순이었다. SK바이오팜(81.15%)보다는 적고 카카오게임즈(58.59%)와는 비슷한 수준이다. 기관투자자들의 의무보유확약 비중이 낮다는 점은 유의해야 한다. 2020년에 상장한 SK바이오팜의 의무보유확약 비중이 80%를 넘겼다는 사실을 감안하면 SK바이오사이언스는 낮은 수치다.

SK바이오사이언스 수요예측을 나름대로 흥행했다고 평가하는 곳도 있었지만, SK바이오팜과 비교하면 다소 아쉽다. 이는 당시 증시 변동성이 커져서 투자심리가 위축된 데 기인한다.

기관투자자의 의무보유확약 비중이 낮으면 '언제든지 보유한 물량을 시장에 내놓을 수 있다'는 불안감 때문에 주가에는 좋지 않다. 다만 SK바이오사이언스가 장외시장에서 20만 원 넘게 거래된 점은 주목할 만하다. 이는 장외시장에서는 가치를 높게 본다는 뜻이기 때문이다.

기업 개요

—

SK바이오사이언스의 전신인 SK케미칼은 2001년 백신 전문 기업인 동신제약 지분을 인수하면서 생명과학 전문 기업으로 성장할 수 있는 기반을 만들었다. 2018년 7월, SK케미칼은 VAX 사업 부문을 물적분할해 SK바이오사이언스 법인을 설립했다.

2012년 엘하우스(L-House)를 준공해 국내에서 개발되는 대부분의 백신을 생산할 수 있는 전초기지를 마련했다. 이후 2014년 국내 최초 3가 세포배양 독감백신 허가, 2015년 세계 최초 4개 세포배양 독감백신을 허가받았다. 2017년에는 대상포진 백신과 수두 백신을 허가받으면서 백신 기업으로서 확고하게 자리 잡았다. 나아가 CSL 기술이전을 통해 혈우병 치료제인 앱스틸라를 라이선스 아웃(license out)했다.

SK바이오사이언스는 상장 준비 당시에 코로나19 백신 개발에 착수했고 아스트라제네카, 노바백스, 코로나19 CDO 및 CDMO 계약을 체결했다.

밸류에이션 산정

—

SK바이오사이언스는 백신 의약품 위탁(개발) 생산(CDMO/CMO) 사업을 포함해 바이오 의약품 생산·판매 사업을 영위하고 있다. 그리고 자체적으로 개발하고 있는 백신도 직접 생산할 계획이다.

상대가치 평가 방법 중에서 EV/Capacity 비교법을 적용했다. 다만 기업가치 평가 때 순이익을 활용한 PER 상대가치 평가 방법을 적용하면 과거 순이익을 기준으로 기업가치를 산출한다. 그래서 2020년 하반기부터 본격적으로 개시한 백신 의약품 위탁(개발) 생산(CDMO/CMO) 사업 실적을 증권신고서 제출일 현재의 기업가치를 평가에 반

구분	선정기준	세부 검토기준	해당기업
모집단	업종 관련성	① "Biologics Contract Manufacturing Demand (Global Industry Analysis 2015-2019 and Forecast 2020-2030)"에 언급된 회사 ② 해당 회사 또는 해당 회사의 모회사가 한국거래소 및 적격 해외시장 내 상장된 회사	Lonza Group AG 등 12개사
1차	사업의 유사성	① 사업보고서 또는 분/반기보고서 상 바이오의약품 생산 사업을 영위하고 있으며, 해당 부문의 매출 구분이 가능한 회사	Lonza Group AG 등 6개사
2차	일반기준	① 증권신고서 제출일 현재 20,000 리터 이상의 상업 생산설비를 갖춘 회사 ② 증권신고서 제출일 현재 관리종목/거래정지 등에 해당되지 않을 것 ③ 상장 후 6개월 이상 경과	Lonza Group AG 등 3개사

* 자료: DART

영하지 못하는 한계가 발생했다.

코로나19로 인해 생산능력이 부각되면서 시작된 CMO/CDMO 사업을 영위하는 기업은 본격적인 이익이 창출되기 전이다. 그리고 기존에 자체 개발한 백신도 위탁 생산이 아니라 자체 생산이라서 자체 생산능력을 활용한 기업가치 평가 모델인 EV/Capacity를 적용했다.

SK바이오사이언스와 유사한 사업을 영위하는 기업을 선별해서 공모가액을 산정했다. SK바이오사이언스는 자체적인 생산능력이 2만 3,924L이다. 그렇기 때문에 증권신고서 제출일 당시 2만L 이상의 생산설비를 갖춘 회사를 기준으로 비교기업을 선정했다.

관리종목이나 거래정지 등에 해당되지 않고, 상장 후 6개월 이상 경과한 기업을 기준으로 보면 삼성바이오로직스(생산설비 36만 4천L), 스위스거래소에 상장된 론자 그룹 AG(Lonza Group AG, 생산설비 32만L), 홍콩거래소에 상장된 우시바이오로직스(WuXi Biologics, 생산설비 10만L)가 최종 비교기업이다. 기업가치는 론자 그룹 AG 56조 5천억 원, 삼성바이오로직스 52조 6천억 원, 우시바이오로직스 52조 1천억 원이다.

〈EV/Capacity 산출 계산 방법〉

- EV/Capacity = 기업가치 / 생산능력
- 기업가치 = 기준주가(기준일로부터 3개월간 종가 평균) × 상장주식 수
  + 최근 분기 말 순차입금

비교기업의 기업가치는 기준일 상장주식 수를 반영했다. EV/Capacity는 기업가치에 영향을 미치는 변수로 생산능력만을 고려하기 때문에, 생산 가동률 및 수익성과 관련한 각종 지표 등에 차이가 발행할 수 있다. 일반적인 제조업 실적을 볼 때 생산설비와 가동률은 뗄 수 없는 관계로, 제조업에서 중요한 부분이다.

SK바이오사이언스의 적용 주식 수는 총 7,704만 6,270주로, 공모 전 발행주식 수 6,120만 주, 신규 발행주식 수 1,530만 주, 주식매수선택권 수량 54만 6,270주를 합산한 수치다. 주당 희망 공모가액은 주관사와 협의해 할인율 약 20%를 적용했으며, 확정 공모가액은 2만 4천 원이다.

밸류에이션 산출은 176페이지 도표를 참고하길 바란다. 비교기업의 기업가치는 '3개월 평균 종가×주식 수'를 반영했으며, 순차입금은 차입금(사채 포함)에서 현금 및 현금성자산을 차감한 금액으로 계산했다. 당시 환율은 서울외국환중개 발표한 1,231.90KRW/CHF(스위스 프랑), 142.31KRW/HKD(홍콩 달러) 환율을 적용했다.

해당 사업은 SK바이오사이언스 생산에서 이루어지는 비중과 비교기업의 매출액 비중이 적용된다. 생산능력은 'Global Biologics

구분	Lonza Group AG	삼성바이오로직스 (Samsung Biologics Co. Ltd.)	WuXi Biologics (Cayman) Inc.	비고
기업가치(EV)	565,015.57	526,418.43	521,039.67	
해당 사업 비중	72.30%	100.0%	100.0%	주1)
해당 사업부문 기업가치	408,528.64	526,418.43	521,039.67	
생산능력(Capacity)	320,000 L	364,000 L	100,000 L	주2)
EV / Capacity	1.276652	1.446204	5.210397	억원 기준 배수
평균	2.644418			

* 단위: 억 원
* 자료: DART

Contract Manufacturing Demand(Persistence Market Research, 2020)'
와 각 사 '애뉴얼 리포트(Annual Report)' 등 최근에 발표된 공시자료를
참고했다.

　해당 사업 부문의 기업가치는 '기업가치(EV) 생산사업 비중'을
곱한 값이다. EV/Capacity는 해당 사업 부문의 기업가치를 생산능
력(Capacity)으로 나눈 값이다. 3개 기업의 EV/Capacity 산술평균한
값은 2.64배수다.

　EV/Capacity 배수를 적용한 상대가치를 산출하면 SK바이오사이
언스의 기업가치는 약 6조 3천억 원이다. SK바이오사이언스 차입금
은 1,175억 원이며, 현금 및 현금성자산은 1,293억 원이다. 순차입금은
차입금에서 현금 및 현금성자산을 차감한 118억 원이다.

　적용 주식 수는 공모 전 발행주식 수와 신규 발행주식 수, 그리고
주식매수선택권 수량을 합한 7,704만 6,270주다. 기업가치에서 순차

구분	에스케이바이오사이언스	산출식	비고
보유 생산능력	23,924L	A	주1)
EV / Capacity	2.644418	B	
기업가치 (EV)	63,265	C = A X B	
순차입금	-118	D	주2)
적정 시가총액	63,383	E = C - D	
적용 주식 수	77,046,270 주	F	주3)
주당 평가가액(원)	82,267	G = E / F	

* 단위: 억 원
* 자료: DART

입금을 차감한 적정 시가총액을 적용 주식 수로 나누면 1주당 평가가
액은 8만 2,267원이다.

EV/Capacity 상대가치 산출 결과를 적용하고 수요예측을 한 결과
할인율 40.44~20.99%를 적용했다. 확정 공모가는 공모 희망가액 상단
인 13만 5천 원으로 확정되었다. 할인율은 상장기업의 밴드 하단~밴
드 상단 평균 할인율을 적용했다.

공모가 기준으로 시가총액은 4조 9천억 원으로 형성되었다. 코로
나19 CMO와 노바백스 국내 매출이 6천억 원 이상일 것으로 추정했
고, 독감, 대상포진, 수두 백신 등의 매출이 더해지면 2021년 매출이
300% 이상, 영업이익 900% 이상 증가할 것으로 내다보았다. 2022년
실적은 코로나19 백신의 개발과 상용화에 따라 큰 폭으로 변화할 것
으로 기대했다.

시장에서는 코로나19로 성장한 큐어백, 노바백스, 바이오앤텍 등

EV/EBITDA 배수를 적용한 상대가치 산출 결과

구 분	내 용
비교가치 주당 평가가액	82,267원
평가액 대비 할인율	40.44% ~ 20.99%
공모희망가액 밴드	49,000원 ~ 65,000원
확정 공모가액 주)	65,000원

* 자료: DART

을 기업가치의 롤모델로 보았다. 이들 기업가치는 약 16조~25조 원 수준으로 평가되고 있다. SK바이오사이언스의 GBP510의 임상 3상이 성공적으로 마무리되었으며, 현재 식약처에 품목허가 신청을 완료한 상태다. 향후 백신 출시에 따른 글로벌 신규 백신 기업과 기업가치가 유사할 것으로 전망된다.

결론

—

SK바이오사이언스는 각종 기록을 세우며 상장일에 따상으로 마감했다. 코스피시장에서 시초가 13만 원보다 오른 16만 9천 원에 마감했다. 상장일 종가 기준 시가총액이 약 13조 원까지 오르면서 코스피 시가총액 28위로 뛰어올랐다. 기관투자자 수요예측과 일반청약에서 흥행하며 증시에 화려하게 입성했다

SK바이오사이언스는 백신 유통 및 판매, CMO/CDMO 사업을 영

위한다. 당시 코로나19 백신(아스트라제네카, 노바백스) 수주로 생산 경쟁력을 검증받았다. 코로나19 백신 생산업체와 유사한 밸류에이션 프리미엄과 주요지수 편입 등 긍정적인 이슈가 있었다.

백신 신약 개발은 임상이 매우 중요한 이벤트이다. 따라서 이벤트 결과에 따라 주가가 크게 변동한다. 자체 개발한 코로나19 백신 1상 결과 모멘텀을 얻고 2상, 3상에 대한 기대감과 불확실성이 상존하나, 시장에서는 풍부한 모멘텀에 대한 기대로 기업가치를 높게 평가했다.

2021년 11월 SK바이오사이언스는 안동 공장 엘하우스 물량이 'Full-Capa'로 차 있는 상태로, 고객사와 추가 계약을 위해 공장을 증축하고 있다. 2024년 초에 완공할 계획을 세우고 있다. 일정대로 이어진다면 바이럴벡터 백신, mRNA 백신 등 다양한 백신 CMO로 고객 다변화도 기대하고 있다. 코로나19 치료제 개발 소식으로 주가가 크게 하락하기도 했지만 EU, 영국, 인도, WHO 등에서 노바백스 허가 신청을 받아서 기대감이 유효하다.

코로나19 자체개발 백신 임상 결과, 해외 제약·바이오 기업 코로나 백신 위탁 생산 물량 확보 및 생산설비 확충, 자체 파이프라인 임상 결과, 신규 파이프라인 개발 등의 이슈가 SK바이오사이언스의 주가 향방을 가를 것이다.

SK아이이테크놀로지

공모 관련 내용

—

① 공모 개요

SK아이이테크놀로지는 코스피시장에 상장했다. 증권의 종류는 기명식 보통주로서 액면가액 대비 105배 높은 10만 5천 원으로 공모가를 확정했다 모집 주식 수는 2,139만 주로, 모집가액 10만 5천 원을 곱한 모집 총액이 약 2조 2,460억 원이다.

SK아이이테크놀로지는 글로벌 습식 분리능력이 2위이고, 습식 기준으로는 1위다. 축차연신, 코팅, 생산성, 향상 능력 기준으로 보면 톱 티어(Top Tier)로 분류된다. 전기차 시장이 급성장하면서 자동차용 배

(단위 : 주, 원)

증권의 종류	증권수량	액면가액	모집(매출) 가액	모집(매출) 총액	모집(매출) 방법	
기명식보통주	21,390,000	1,000	105,000	2,245,950,000,000	일반공모	

인수인		증권의 종류	인수수량	인수금액	인수대가	인수방법
공동대표주관회사	미래에셋증권	기명식보통주	5,561,400	583,947,000,000	4,671,576,000	총액인수
공동대표주관회사	제이피모간증권회사	기명식보통주	5,561,400	583,947,000,000	4,671,576,000	총액인수
공동주관회사	한국투자증권	기명식보통주	3,850,200	404,271,000,000	3,234,168,000	총액인수
공동주관회사	크레디트스위스증권	기명식보통주	3,850,200	404,271,000,000	3,234,168,000	총액인수
인수회사	에스케이증권	기명식보통주	1,711,200	179,676,000,000	1,437,408,000	총액인수
인수회사	삼성증권	기명식보통주	427,800	44,919,000,000	359,352,000	총액인수
인수회사	엔에이치투자증권	기명식보통주	427,800	44,919,000,000	359,352,000	총액인수

* 자료: DART

터리에 사용되는 분리막 수요가 빠르게 증가하고 있다. 그 결과 2차 전지 관련 기업으로 시장의 주목을 받았다. 모집 총액이 2조 3천억 원에 육박하면서 국내외 주관사에서 공동 참여했다.

공모 청약을 통해 SK아이이테크놀로지가 기존에 보유하던 구주매출 1,283만 4천 주를 일반공모로 정하고, 신주모집으로 855만 6천 주를 추가로 확보했다. 매출 후 보유주식 수는 4,363만 3,432주(61.2%)가 남았고, 상장 후 6개월간 의무 보유해야 한다.

SK 상장기업의 구주매출 현황을 보면 SK바이오팜 32%, SK바이오사이언스 33.33%다. SK아이이테크놀로지는 60%로, 두 회사에 비해 상당히 높았다. SK아이이테크놀로지의 구주매출이 높았던 것은 주식 분산 요건을 해소하기 위한 것으로 보인다.

공동대표 주관회사인 미래에셋증권과 JP모건이 각각 26%를 배정받았다. 공동 주관회사는 한국투자증권, 크레디트스위스증권으로 각각 18%를 받았다. 인수회사는 SK증권, 삼성증권, NH투자증권이었다.

② 모집 내용

당시 공모에서 일반청약자 배정 물량 중 절반 이상을 균등 배정했다. 세부내역을 살펴보면 일반투자자 25~30%, 기관투자자 55~75%, 우리사주조합 20%다.

SK아이이테크놀로지는 균등방식 중에서 일괄청약 방식이 적용되었다. 일괄청약 방식은 현행과 마찬가지로 각자 원하는 수량을 청약하되, 일반청약자 배정 물량의 절반을 모든 청약자에게 균등배정하고 남은 절반을 청약 수요 기준으로 비례배정하는 것이다. 이에 따라 일반청약자는 기존의 청약 방식대로 원하는 수량을 청약했고, 균등배정 수량과 비례배정 수량을 최종 배정받았다.

모집 내용

공모대상	주식수	배정비율	주당 공모가액	공모총액	비고
우리사주조합	1,711,200 주	20.00%		179,676,000,000 원	우선배정
일반청약자	2,139,000 주 ~ 2,566,800 주	25.00% ~ 30.00%	105,000 원	224,595,000,000 원 ~ 269,514,000,000 원	-
기관투자자	4,705,800 주 ~ 6,417,000 주	55.00% ~ 75.00%		494,109,000,000 원 ~ 673,785,000,000 원	고위험고수익투자신탁 배정수량 포함
합계	8,556,000 주	100.00%		898,380,000,000 원	-

* 자료: DART

③ 수요예측

수요예측 참여 내역은 1,734건으로, 기관투자자 경쟁률 1882.88:1을 기록했다. 코스피·코스닥을 통틀어 IPO 수요예측 기준으로 역대 최고 경쟁률이다. 전체 주문 규모는 2,417조 원으로, 기존 최고액이던

구분	국내 기관투자자								외국 기관투자자				합계	
	운용사(집합)		투자매매·중개업자		연기금, 운용사(고유), 은행, 보험		기타		거래실적 유·		거래실적 무			
	건수	수량	건수	수량	건수	수량	건수	수량	건수	수량	건수	수량	건수	수량
밴드상단초과	168	2,414,342,000	11	161,420,000	201	2,794,305,000	499	7,428,247,000	-	-	210	3,200,208,000	1,089	15,998,522,000
밴드 상위 75% 초과~100% 이하	57	712,836,000	13	186,157,000	63	893,306,000	130	1,726,856,000	7	37,057,838	20	77,056,000	290	3,633,268,838
밴드 상위 50% 초과~75% 이하	-	-	-	-	-	-	-	-	-	-	-	-	-	-
밴드 상위 25% 초과~50% 이하	-	-	-	-	-	-	-	-	-	-	-	-	-	-
밴드 중간값 초과~상위 25% 이하	-	-	-	-	-	-	-	-	-	-	-	-	-	-
밴드 중간값	-	-	-	-	-	-	-	-	-	-	-	-	-	-
밴드 중간값 미만 ~하위 25% 이상	-	-	-	-	-	-	-	-	-	-	-	-	-	-
밴드 하위 25% 미만~50% 이상	-	-	-	-	-	-	-	-	-	-	-	-	-	-
밴드 하위 50% 미만~75% 이상	-	-	-	-	-	-	-	-	-	-	-	-	-	-
밴드 하위 75% 미만~100% 이상	-	-	-	-	-	-	-	-	-	-	-	-	-	-
밴드최하단미만	-	-	-	-	-	-	-	-	-	-	-	-	-	-
미제시	26	282,078,000	3	43,848,000	12	156,312,000	37	309,988,000	269	1,598,831,471	8	128,336,000	355	2,519,393,471
합계	251	3,409,256,000	27	391,425,000	276	3,843,923,000	666	9,465,091,000	276	1,635,889,309	238	3,405,600,000	1,734	22,151,184,309

* 자료: DART

SK바이오사이언스의 기록(1,047조 원)에 비해 2배 이상 많았다. 배터리 분리막 시장에서 지위를 확고히 다지고, 성장성에 높은 평가를 받은 것으로 보인다.

수요예측 경쟁률은 각 투자자별 경쟁률을 합산한 수치다. 주체별로 살펴보면 운용사 289.79:1, 투자매매·중개업자 33.27:1, 연기금·운용사(고유자산)·은행·보험 326.74:1, 기타 804.55:1이다.

수요예측 분포는 총 1,734건으로 밴드 상단 초과 1,089건, 밴드 상위 75% 초과~100% 이하 290건을 기록했다. 수요예측 분포에서 밴드 상단 초과 비중이 약 60%였다. 미제시 건은 355건으로 전체 건수에서 약 20%를 차지했다.

SK아이이테크놀로지의 모회사인 SK이노베이션은 LG에너지솔루션(前 LG화학)과 배터리 관련 소송을 진행하고 있었다. 영업비밀 침해 및 특허 침해 관련 소송이었다. 영업비밀 침해로 국제무역위원회(ITC) 와 델라웨어 주 연방지방법원에 소를 제기했다. 리튬이온 배터리, 셀, 모듈, 팩 및 부품에 대해 10년간 미국 내 수입 금지를 인용하는 ITC의 최종 결정이 있었다. 그러다가 2021년 4월 11일, 소송 당사자 간 합의 로 해결되었다.

합의 내용은 SK이노베이션이 LG화학 등에게 일시금 1조 원과 총 1조 원 한도로의 로열티를 지급하는 것이었다. SK이노베이션은 여 러 해에 걸쳐서 2조 원의 합의금을 지급하는 만큼, 부담을 덜고 배터 리 사업에 집중할 수 있는 기회가 될 것이라 평가했다. 분쟁이 마무리 되면서 SK아이이테크놀로지는 별다른 악영향을 받지 않았고, 모회사 소송 이슈가 해소되면서 수요예측 흥행에도 파란불이 켜졌다.

수요예측 결과 10만 5천 원 이상이 1,089건으로, 참여 건수 대비 약 62.08%에 해당하며 밴드 상단 이상 가격을 제시했다. 신청 수량 기 준으로는 72.2%를 기록했다. 공모가는 희망 공모가 밴드 최상단으로

수요예측 신청가격 분포 통계

구분	참여건수 기준		신청수량 기준	
	참여건수(건)	비율	신청수량(주)	비율
105,000원 초과	1,089	62.8%	15,998,522,000	72.2%
105,000원	290	16.7%	3,633,268,838	16.4%
78,000원 초과 105,000원 미만	-	0.0%	-	0.0%
78,000원	-	0.0%	-	0.0%
78,000원 미만	-	0.0%	-	0.0%
가격미제시	355	20.5%	2,519,393,471	11.4%
합계	1,734	100.0%	22,151,184,309	100.0%

* 자료: DART

결정되었고, 수요예측 경쟁률은 1800:1를 넘겼다. 수요예측 경쟁률이 SK바이오사이언스, 카카오게임즈, SK바이오팜보다 높았다. 이는 SK 아이이테크놀로지에 대한 시장의 관심이 많다는 의미로 볼 수 있다.

공모금액은 2조 2,459억 원으로 확정되었다. IPO 대어들이 잇따라 출격하면서 공모주 투자의 훈풍이 지속되었다. SK아이이테크놀로지 공모를 하려고 계좌개설을 하려는 사람들도 많았다. 고객센터 전화상 담은 물론이고 지점에도 대기하려는 사람들로 북적였다.

공모 청약 자금 유동성은 81조 원이다. 청약자 수만 474만 명(중복 청약자 포함)에 이르렀다. SK바이오사이언스 청약자 수 239만 명에 비해 2배 가까운 수치였다. 청약은 균등배정 50%, 비례배정 50%를 적용했다. 공모청약 주식의 절반인 267만 3,750주를 474만 명이 나눠 가져야 했기에 2명 중 1명은 1주도 확보하기가 어려웠다.

6개 주관 증권사의 일반 공모주 통합 청약 경쟁률은 288.17:1이다.

SK아이이티테크놀로지 통합 청약 경쟁률

구분		청약 경쟁률	모집 주식 수	비중	균등배정 물량	청약자 수	1주 균등배정 확률
대표 주관사	미래에셋증권	283.53:1	2,482,768	46.43%	1,241,384	1,429,352	87%
공동 주관사	한국투자증권	281.88:1	1,718,840	32.14%	859,420	1,293,832	66%
인수단	SK증권	225.14:1	763,928	14.29%	381,964	323,911	118%
	삼성증권	443.16:1	190,982	3.57%	95,491	750,836	13%
	NH투자증권	502.16:1	190,982	3.57%	95,491	946,626	10%
통합		288.17:1	5,347,500	100%	2,673,750	4,744,557	56%

* 자료: 미래에셋증권

청약 경쟁률은 대표 주관사인 미래에셋증권 283.53:1, 공동 주관사인 한국투자증권 281.88:1이다. 인수회사인 SK증권 225.14:1, 삼성증권 443.16:1, NH투자증권 502.16:1이다.

균등배정 결과 NH투자증권과 삼성증권은 10명 중 1명, 미래에셋 증권은 10명 중 8명, 한국투자증권은 10명 중 6명만 물량을 받을 수 있었다. SK증권은 균등배정 확률이 118%가 나오면서 청약자 모두가 1주씩 받았고, 남은 물량은 추첨을 통해 추가로 나눠 가질 수 있었다.

중복청약이 마지막으로 가능했던 대형 공모주였기 때문에 많은 사람들이 몰렸다. 공모주 청약은 눈치 싸움이 심하기 때문에 주관사의 공모배정 모집 주식 수와 청약자 수 추이를 보고 청약을 진행하는 것이 좋다.

④ 의무보유확약

전체 기관투자자 신청 수량 중에서 64.6%가 최소 15일에서 최대 6개월까지 공모주를 팔지 않겠다는 확약을 했다. 남은 35.4%는 미확약 물량이었다. 기관투자자가 받아갈 공모주 10주 중에서 3.6주는 상장 직후에 바로 매도 물량으로 나올 수 있다는 뜻이다.

다수의 기관투자자들이 6개월 이내 주식을 매도하지 않겠다는 의무보유확약을 제시했다는 것은 SK아이이테크놀로지의 성장 가능성을 높게 평가한 것으로 풀이된다.

의무보유확약 기간별로 보면 상장 후 6개월 동안 팔지 않겠다는 비율이 24.9%로 가장 많았고, 1개월 확약 22.2%, 3개월 확약 17.2% 순

의무보유확약 현황

구분	배정 수량(주)	비중(%)
6개월	3,020,988	24.9
3개월	2,087,672	17.2
1개월	2,700,264	22.2
15일	35,922	0.3
미확약	4,304,198	35.4
합계	12,149,044	100.0

* 자료: DART

이었다. 상장일에 유통 가능 물량은 전체 주식 수 7,129만 7,539주 대비 일반투자자 641만 7천 주, 기관투자자 430만 4,198주로 총 1,072만 1,198주였다. 비율로 보면 15.04%이고, 금액으로 환산하면 약 1조 1,120억 원 규모다. 하이브와 카카오게임즈 상장 당일에 유통 가능한 금액을 합한 금액과 유사한 수준이다.

SK아이이테크놀로지는 기관투자자보다 개인투자자의 유통 물량이 많았다. 그만큼 개인투자자의 매매 흐름이 주가의 향방에 중요하게 작용했다.

기업 개요

—

SK아이이테크놀로지는 배터리 소재 등을 생산하고 판매하는 것이 주요 사업이다. 1998년부터 분리막 사업 진출을 준비했고, 국내 최초

구분	2018년		2019년		2020년(E)	
	회사명	점유율	회사명	점유율	회사명	점유율
1	Yunnan Energy	26.0%	Yunnan Energy	31.3%	Yunnan Energy	29.2%
2	Asahi Kasei	13.3%	Asahi Kasei	11.4%	SKIET	10.8%
3	Toray Industries	12.1%	Toray Industries	10.4%	Sinoma	10.6%
4	SKIET	11.3%	SKIET	10.2%	Asahi Kasei	9.7%
5	Sinoma	8.0%	Sinoma	8.2%	Toray Industries	9.7%
-	기타	29.3%	기타	28.5%	기타	29.9%
-	합계	100.0%	합계	100.0%	합계	100.0%

* 자료: SNE리서치

로 분리막 개발에 성공했다. 공격적인 증설 덕분에 분리막 산업의 핵심 플레이어로 자리 잡았다.

전기차 시장이 성장하면서 2차전지 수요가 증가했고 증설을 한 효과가 나타났다. 전방산업의 호조에 따라 지속적으로 설비투자를 하며, 2025년까지 분리막 기업 글로벌 1위라는 비전을 세웠다.

2018~2020년 주요 분리막 업체의 시장 점유율은 위 도표와 같다. 분리막 생산 업체들이 증설되면서 2020년 SK아이티테크놀로지의 시장 점유율은 소폭 변동되었다.

이외에도 디스플레이용 소재인 FCW(플렉서블 커버 윈도) 사업도 진행하고 있다. FCW 소재는 폴더블 스마트폰, 롤러블 TV, 자동차용 디스플레이 등 다양한 분야에 적용된다.

2020년 기준으로 매출 비중이 전기차 배터리용 98.5%, IT기기용 분리막 1.5%였다. 국내 매출 비중은 약 98%를 차지한다.

밸류에이션 산정

—

SK아이이테크놀로지는 상대가치 평가 방법 중에서 EV/EBITDA 가치평가법을 적용했다. 앞서 설명한 것처럼 EV/EBITDA는 기업가치(EV)와 감가상각 전 영업이익(EBITDA)의 관계를 나타내는 지표다. 자기자본과 타인자본을 이용해 현금흐름의 창출 능력을 확인할 수 있는 지표다. 주로 유형자산이나 설비·기계 장비에 대한 감가상각비, 지식재산권, 산업재산권 등 무형자산상각비처럼 비현금성 비용이 많은 산업이나 기업에 활용되는 지표다.

분리막 시장에서 대규모의 설비 투자가 집행되면 생산 초기에 감가상각비가 많이 발생한다. 현금이 유출되지 않는 비용으로 경제적 이익과는 괴리가 있다고 판단해, EV/EBITDA를 활용하면 좋다.

비교기업은 배터리에 탑재되는 분리막 제조 및 판매를 주요 사업으로 삼고, 기업가치가 1조 원 이상인 기업으로 선정했다. 그리고 배터리 4대 핵심 소재인 양극재·음극재·분리막, 전해액 사업을 영위하는 국내 상장 기업도 추가했다.

2차전지 사업은 산업 생태계상 성장기 초반이라고 판단한다. 성장 초반에 대규모의 생산설비 투자가 발생하기 때문에 감가상각비가 많이 발생한다. 따라서 SK아이이테크놀로지 현금흐름과는 괴리가 있으므로 EV/EBITDA 기업가치 평가가 적합할 것이라고 생각한다.

창신신소재(Yunnan Energy New Material), 엘앤에프, 에코프로비엠, 일진머티리얼즈, 포스코케미칼, 천보를 비교기업으로 선정했다.

유사회사 선정 프로세스

구분	세부 검토기준	대상회사
모집단 선정	① (글로벌 비교회사) "글로벌 전기차 배터리 및 분리막 시장 전망" 상 2020년 습식 분리막 생산능력 상위 10개사 중 상장회사 ② (국내 비교회사) "리튬이온 2차전지 주요 소재 심층분석(4대 부재)" 상 한국 주요기업으로 언급되거나 관계회사가 언급된 상장회사	Yunnan Energy New Material (Semcorp), Shenzhen Senior Technology Material, 엘앤에프, 에코프로비엠 등 15개사
사업 유사성	① 2020년 기준 배터리 소재 매출 비중이 30% 이상일 것	Yunnan Energy New Material, 엘앤에프, 에코프로비엠 등 9개사
재무 유사성	① 분석 기준일 현재 기업가치(Enterprise Value) 1조원 이상 ② 2020년 양(+)의 EBITDA 및 시현	Yunnan Energy New Material, 엘앤에프, 에코프로비엠 등 6개사
일반 기준	① 최근 6개월 간 분할/합병, 신규상장, 중대한 영업 양/수도, 거래정지, 감사의견 거절, 관리종목 지정 등 기업가치에 중대한 영향을 주는 사건이 발생하지 않은 회사	Yunnan Energy New Material, 엘앤에프, 에코프로비엠 등 6개사

* 자료: DART

〈EV/EBITDA 산출 계산 방법〉

• EV/EBITDA 거래배수 = 기업가치(EV) / EBITDA

• 기업가치 = 기준 시가총액 + 최근 분반기 말 순차입금

• 기준 시가총액: Min(기준일로부터 1개월간 시가총액 평균, 1주일간 시가총액의 평균, 기준일 시가총액)

• 순차입금: 이자지급성 부채(사채, 차입금, 금융리스부채 등) – 현금 및 현금성자산(현금, 단기금융상품 등)

• EBITDA = 영업이익 + 유·무형자산상각비

EBITDA는 기업이 자기자본과 타인자본을 이용해 어느 정도 현금흐름을 창출할 수 있는지를 나타낸다. 그런데 현실적으로 손익계산서 항목을 기반으로 산출해 영업활동의 자산 부채 변동이 제외된다. 그렇기 때문에 기업의 현금흐름 창출력을 정확하게 알 수가 없다.

비교기업 EV/EBITDA 멀티플 산정내역

구분	산식	Yunnan Energy New Material (Semcorp)	엘앤에프	에코프로비엠	일진 머티리얼즈	포스코케미칼	천보
단위	-	백만 원	백만 원	백만 원	백만 원	백만 원	백만 원
기준시가총액	(A)	16,579,096	1,888,352	3,298,314	2,881,927	8,959,170	1,576,000
이자지급성부채	(B)	1,027,779	205,537	197,018	49,822	841,416	25,997
현금및현금성자산	(C)	645,700	21,225	59,234	150,780	121,680	62,885
순차입금	(D)=(B)-(C)	382,079	184,312	137,784	(100,958)	719,735	(36,888)
비지배지분	(E)	85,657	3,165	23,733	251,102	22,948	34
기업가치(EV)	(F)=(A)+(D)+(E)	17,046,833	2,075,829	3,459,831	3,032,071	9,701,853	1,539,146
영업이익	(G)	228,849	1,470	54,769	51,032	60,270	30,132
유무형자산상각비	(H)	97,695	13,810	36,880	34,241	64,403	11,194
EBITDA	(I)=(G)+(H)	326,544	15,280	91,649	85,273	124,673	41,326
EV/EBITDA	(J)=(F)/(I)	52.2	135.9	37.8	35.6	77.8	37.2
적용여부		O	X	O	O	O	O
적용 EV/EBITDA 거래배수		48.1					

* 자료: 블룸버그(Bloomberg)

또한 실제로 기업이 지불해야 하는 세금, 이자 등 기타 요소들을 배제한 채 기업가치를 평가하므로, 채무 비중이 높아서 재무안정성이 낮은 회사는 과대평가될 수 있다. 유·무형자산의 상각비가 현금 유출은 없으나 기업 자산의 소멸을 반영하는 반면에, EV/EBITDA는 기업의 존속에 필요한 재투자를 고려하지 않는다. 이에 따라 기업에 귀속되는 현금흐름을 실제보다 과하게 인식할 수 있다.

비교기업의 EV/EBITDA 멀티플 산출내역 거래배수는 엘앤에프 135.9배를 제외한 5개 기업의 평균을 산출한 결과로 48.1배다. EV/EBITDA가 48.1배라고 하면, 기업이 48년 1개월간 벌어들인 이익의 합이 투자원금과 같다는 뜻이다. 결국 투자원금을 회수하는 데 걸리는 기간을 나타낸다.

구분	산식	단위	내용
영업이익	(A)	백만 원	125,219
유무형자산상각비	(B)	백만 원	71,355
EBITDA	(C) = (A) + (B)	백만 원	196,574
EV/EBITDA 거래배수	(D)	배	48.1
기업가치(EV)	(E) = (C) * (D)	백만 원	9,458,131
이자지급성부채	(F)	백만 원	515,792
현금및현금성자산	(G)	백만 원	367,099
순차입금	(H) = (F) - (G)	백만 원	148,693
평가 시가총액	(I) = (E) - (H)	백만 원	9,309,437

* 영업이익 및 유·무형자산상각비는 2020년 온기 기준
* 이자지급성 부채 및 현금 및 현금성자산은 2020년 기말 기준

구분	산식	단위	내용
평가 시가총액	(A)	백만 원	9,309,437
공모 전 발행주식수	(B)	주	62,741,592
공모주식수	(C) = (D) + (E)	주	21,390,000
신주모집주식수	(D)	주	8,556,000
구주매출주식수	(E)	주	12,834,000
공모 후 발행주식수	(F) = (B) + (D)	주	71,297,592
주당 평가가액	(G) = (A) / (F)	원	130,572

* 자료: DART

수치가 낮으면 기업의 주가가 낮으면서 영업 현금흐름이 좋다는 뜻이다. 앞서 본 유사기업 대부분은 성장성이 높고 초기 투자비용이 많아서 EV/EBITDA가 높게 나타났다.

기업의 평가 시가총액은 약 9조 3천억 원이다. '공모 전 발행주식

구분	내용
주당 평가가액	130,572원
평가액 대비 할인율	40.3% ~ 19.6%
희망 공모가액 밴드	78,000원 ~ 105,000원
확정 공모가액	**105,000원**

* 자료: DART

수+공모주식 수 - 구주매출 주식 수'로 약 7,200만 주다. 주당 평가가액은 '평가 시가총액/공모 후 발행주식 수'인 13만 572원이다.

확정 공모가액은 주당 평가가액을 기초로 해서 분리막 산업의 특성, 기존 상장기업과의 사업구조 비교, 재무 성장성 및 안정성 등 재무비율 비교 등을 고려한다. 그래서 할인율 40.3~19.6%를 적용한 희망 공모가액은 7만 8천~10만 5천 원이고, 수요예측 결과 10만 5천 원으로 공모가가 확정됐다.

상대가치 산출 결과

—

EV/EBITDA 배수를 적용한 상대가치를 산출하면 확정 공모가액 기준으로 SK아이이테크놀로지의 기업가치는 약 7조 5천억 원이다. 증권사 리서치 자료에는 적정주가를 18만~24만 원으로 제시했다. 2차전지 수요 증가에 따른 분리막 매출 증가, 유통주식 수 비중이 적어서 유통 물량에 대한 부담이 줄어들 것으로 예측했다. 또한 코스피200 편입 가능성도 있었기에 단기간에 주가가 상승할 것으로 내다보았다.

결론

—

SK아이이테크놀로지는 상장 첫날 시초가 대비 26%가 내리면서 15만 4,500원으로 거래를 마쳤다. 시초가는 확정 공모가의 2배인 21만 원으로 형성되었지만, 주가가 하락하며 따상에는 실패했다. 상장 당일에 외국인이 3,620억 원을 매도하며 기존에 보유하던 물량이 출회되었다.

SK아이이테크놀로지는 2차전지의 4대 핵심 소재 중 하나인 분리막(화재나 폭발 위험성을 줄여주는 소재)을 생산하는 능력이 3위다. 2020년 기준으로 글로벌 습식분리 생산 능력이 2위이고, Tie1 습식 기준으로 보면 1위다. 주요 매출처는 모회사인 SK이노베이션으로 약 35%를 차지한다. 최대주주는 SK아이이테크놀로지로 61% 지분을 보유하고 있다.

캡티브(captive) 고객의 증설 계획에 따라 낙수효과가 발생하며 안정적인 성장을 보여줄 것으로 전망하고 있다. 분리막은 안정성을 지키는 최후의 보루라는 측면에서 기술 경쟁력이 중요하다. SK아이이테크놀로지는 기술력이 우위에 있기에 기술 매력도가 높았다.

2022년 미국 공장 증설, 유럽 공장 가동 등 캡티브 고객 이외에도 노스볼트와 같은 신생업체에도 공급할 것으로 전망된다. 2025년까지 총 생산설비가 40억m² 수준으로 증가할 것이라 예상한다.

SK아이이테크놀로지는 전방업체의 배터리 출하량과 상관관계가 높다. 때문에 전기차 판매 수치를 확인하는 것이 중요하다. 또한 IT 분리막 매출이 2021년에는 부진했기 때문에 IT기기 수요 회복도 중요하다. 이외에도 디스플레이 영역인 FCW 사업부문의 진행 상황도 지속적으로 확인하며 대응해야 한다.

카카오뱅크

공모 관련 내용

—

① 공모 개요

카카오뱅크는 코스피시장에 상장했다. 증권의 종류는 기명식 보통주로서 액면가액 대비 7.8배 높은 3만 9천 원으로 공모가를 확정했다. 모집 주식 수는 6,545만 주로, 모집가액 3만 9천 원을 곱한 모집 총액이 약 2조 5,552억 원이다.

카카오뱅크는 예금, 대출, 금융 플랫폼을 서비스하는 온라인 금융 플랫폼 기업이다. 2016년에 설립된 이후 폭발적인 성장세를 보이고 있다. 상장 당시 MAU(한 달 동안 해당 서비스를 이용한 순수 이용자 수를 나

증권의 종류	증권수량	액면가액	모집(매출) 가액	모집(매출) 총액	모집(매출) 방법	
기명식보통주	65,450,000	5,000	39,000	2,552,550,000,000	일반공모	

인수인		증권의 종류	인수수량	인수금액	인수대가	인수방법
공동대표주관회사	KB증권	기명식보통주	18,326,000	714,714,000,000	5,717,712,000	총액인수
공동대표주관회사	크레디트스위스증권	기명식보통주	18,326,000	714,714,000,000	5,717,712,000	총액인수
공동주관회사	씨티그룹글로벌마켓증권	기명식보통주	13,090,000	510,510,000,000	4,084,080,000	총액인수
인수회사	한국투자증권	기명식보통주	12,435,500	484,984,500,000	3,879,876,000	총액인수
인수회사	하나금융투자	기명식보통주	1,963,500	76,576,500,000	612,612,000	총액인수
인수회사	현대차증권	기명식보통주	1,309,000	51,051,000,000	408,408,000	총액인수

청약기일	납입기일	청약공고일	배정공고일	배청기준일
2021년 7월 26일 ~ 2021년 7월 27일	2021년 7월 29일	2021년 7월 26일	2021년 7월 29일	-

* 단위: 주, 원
* 자료: DART

타내는 지표)가 약 1,340만 명으로 국내 금융 앱 1위를 기록했다. 모집 총액이 2조 5,500억 원에 육박하면서 국내외 해외 주관사에서 공동 참여했다. 카카오뱅크 공모금액은 삼성생명(4조 8,900억 원), 넷마블(2조 6,600억 원)에 이어 역대 IPO에서 세 번째 규모였다.

공동대표 주관회사는 KB증권과 크레디트스위스증권으로 각각 28%씩 배정받았다. 공동 주관회사는 씨티그룹글로벌마켓증권으로 20%를 배정받았다. 인수회사로는 한국투자증권, 하나금융투자, 현대 차증권이 참여했다. 배정 비율은 한국투자증권 19%, 하나금융투자 3%, 현대차증권 2%다.

② 모집 내용

당시 일반청약자 배정 물량 중 절반 이상에 균등배정이 적용되었 다. 세부내역을 살펴보면 일반투자자 25~30%, 기관투자자 55~75%,

공모대상	주식수	배정비율	주당 공모가액	일반공모총액	비고
우리사주조합	13,090,000주	20.0%		510,510,000,000원	-
일반청약자	16,362,500주 ~ 19,635,000주	25.0% ~ 30.0%	39,000원 (주6)	638,137,500,000원 ~ 765,765,000,000원	-
기관투자자	35,997,500주 ~ 49,087,500주	55.0% ~75.0%		1,403,902,500,000원 ~ 1,914,412,500,000원	고위험고수익투자신탁 배정물량 포함
합계	65,450,000주	100.0%		2,552,550,000,000원	-

* 자료: DART

우리사주조합 20%가 배정되었다. 카카오뱅크는 일반공모를 균등방식 중에서 일괄청약 방식으로 진행했다. 일반청약 모집 주식 수는 KB증권이 881만 577~1,057만 2,693주로 가장 많았다. 인수회사로 보면 한국투자증권 597만 8,606~717만 4,327주, 하나금융투자 94만 3,990~113만 2,788주, 현대차증권 62만 9,327~75만 5,192주 순이었다. 전체 일반청약 모집 주식 수는 1,636만 2,500~1,963만 5천 주로 모집 총액이 약 6조 3,800억~7조 6,500억 원이다.

증권신고서 작성 기준일에 행사되지 않은 주식매수선택권(스톡옵션)은 행사가격 5천 원인 총 267만 2,800주다. 행사가 되면 상장 이후에 상장 주식 수가 증가할 수 있다. 때문에 주식 가치에 부정적인 영향을 미칠 수 있다.

③ 수요예측

수요예측 참여 내역은 1,667건으로, 기관투자자 경쟁률이 1732.83:1 이다. 수요예측으로 보면 국내 IPO 역사상 최대 주문이었다. 기관 수

수요예측 분포

| 구분 | 국내 기관투자자 | | | | | | | | 별도 기관투자자 | | | | |
| | 운용사(집합) | | 투자매매·중개업자 | | 연기금, 운용사(고유), 은행, 보험 | | 기타 | | 거래실적 유(주1) | | 거래실적 무 | | |
	건수	수량	건수	수량	건수	수량	건수	수량	건수	수량	건수	수량	건수
밴드 상단초과	198	8,539,555,000	113	5,082,817,000	90	3,692,270,000	78	3,330,007,000	2	1,460,000	159	5,612,999,000	640
밴드 상위 75% 초과~100% 이하	348	15,051,503,000	137	6,168,054,000	143	5,815,010,000	122	5,000,387,000	6	70,225,000	9	207,261,000	767
밴드 상위 50% 초과~75% 이하	0	0	0	0	0	0	0	0	0	0	0	0	0
밴드 상위 25% 초과~50% 이하	0	0	0	0	0	0	0	0	0	0	0	0	0
밴드 중간값~상위 25% 이하	0	0	0	0	0	0	0	0	0	0	0	0	0
밴드 중간값	0	0	0	0	0	0	0	0	0	0	0	0	0
밴드 중간값 미만~하위 25% 이상	0	0	0	0	0	0	0	0	0	0	0	0	0
밴드 하위 25% 미만~50% 이상	0	0	0	0	0	0	0	0	0	0	0	0	0
밴드 하위 50% 미만~75% 이상	0	0	0	0	0	0	0	0	0	0	0	0	0
밴드 하위 75% 미만~100% 이상	0	0	0	0	0	0	0	0	0	0	0	0	0
밴드 하단미만	0	0	0	0	0	0	0	0	0	0	0	0	0
미제시	35	1,610,542,000	8	346,435,000	10	441,784,000	5	113,725,000	184	1,293,253,000	18	149,000	260
합계	581	25,201,600,000	258	11,597,306,000	243	9,949,064,000	205	8,444,119,000	194	1,364,938,000	186	5,820,409,000	1,667

* 자료: DART

요예측에서 2,600조 원에 가까운 청약 주문이 몰리면서 신기록을 세웠다. 전체 주문 규모는 2,417조 원으로, 기존의 최고액이었던 SK바이오사이언스의 기록을 앞섰다.

수요예측은 국내 1,287건, 해외 380건으로 총 1,667건이 참여했다. 시장에서는 기업공개 전부터 투자 의사를 밝혔다. 그리고 IR 과정에서도 적극적으로 투자 의사를 밝혔다. 주체별로 경쟁률을 살펴보면 운용사 700.09:1, 투자매매·중개업자 322.17:1, 연기금·운용사(고유자산)·은행·보험 276.38:1, 기타 234.58:1 순이었다.

수요예측 분포는 총 1,667건으로, 밴드 상단 초과 640건, 밴드 상위 75% 초과~100% 이하가 767건이었다. 수요예측 분포도에서 밴드 상단 초과 비중이 약 40%다. 미제시 건은 260건으로, 전체의 약 15%를 차지했다.

수요예측 결과 3만 9천 원 이상으로 신청한 건은 93.9%로 매우 높았다. 공모가는 희망 공모가 밴드 최상단으로 결정되었다. IPO 대어

구분	참여건수 기준		신청수량 기준	
	참여건수(건)	비율	신청수량(주1)	비율
39,000원 초과	640	38.4%	26,259,108,000	42.1%
39,000원	767	46.0%	32,312,440,000	51.8%
33,000원 초과 39,000원 미만	0	0.0%	0	0.0%
33,000원	0	0.0%	0	0.0%
33,000원 미만	0	0.0%	0	0.0%
가격미제시	260	15.6%	3,805,888,000	6.1%
합계	1,667	100.0%	62,377,436,000	100.0%

* 자료: DART

들이 잇따라 출격하면서 공모주 투자의 열기는 지속됐다.

일반 청약증거금은 58조 원으로, SK아이이테크놀로지, SK바이오사이언스, 카카오게임즈, 하이브에 이어 역대 5위에 그쳤다. 상장과 동시에 대규모 물량 출회를 우려했기 때문이다.

수요예측에서 전체 투자자의 55%, 해외투자자 87%가 의무보유미확약을 하면서 수급에 대한 불안감을 보였다. 대부분의 투자자들이 공모가와 시초가의 가격 차이를 노린 단타 물량이었다. 중복청약 금지에 따라 증거금이 덜 들어온 것도 영향을 미쳤다고 본다. 이외에 카카오뱅크를 플랫폼 업종보다 은행 업종으로 봐야 한다는 인식도 있어서 고평가 논란도 영향을 미쳤을 것이다.

카카오뱅크 전체 공모주인 6,545만 주 중에서 25%인 1,636만 주에 대해 일반투자자를 대상으로 청약을 진행했다. 50%는 균등배정, 50%는 비례배정으로 실시했다. 우리사주조합의 약 34만 6천 주가 미청약이 발생하면서 일반청약자에게 배정되었다. 일반청약 경쟁률이 183:1

카카오뱅크 통합 청약 경쟁률

구분	일반배정 주식 수	청약 주식 수	청약증거금	청약 경쟁률	청약 건수
KB증권	8,810,577	1,479,860,740	28,857,284,300,000	168.0	831,431
하나투자증권	5,978,606	1,240,070,880	24,181,382,160,000	207.4	874,665
하나금융투자	943,990	157,885,090	3,078,759,255,000	167.3	104,998
현대차증권	629,327	112,030,710	2,184,598,845,000	178.0	48,950
합계	16,362,500	2,989,847,420	58,302,024,560,000	182.7	1,860,044

* 자료: ZDNET KOREA

로, 기관투자자 경쟁률에 비해 다소 부진한 모습이었다. 증권사 4곳에 들어온 청약 건수는 186만 건이었다.

증권사별 경쟁률은 한국투자증권이 207.4:1로 가장 높았다. 그다음 현대차증권 178:1, KB증권 168:1, 하나금융투자 167.3:1 순이었다. 청약증거금은 공모주의 53.8%가 배정된 KB증권이 약 28조 9천억 원으로 가장 많았다. 그다음 한국투자증권 24조 1천억 원, 하나금융투자 3조 700억 원, 현대차증권 2조 1,800억 원 순이었다.

증권사별 균등배정 주수는 KB증권 5주, 한국투자증권 3주, 하나금융투자 4주, 현대차증권 6주로 현대차증권이 가장 많았다. 만약 1억 원의 증거금을 넣어서 KB증권과 현대차증권에 청약하면 20주를 받을 수 있었다.

④ 의무보유확약

카카오뱅크의 상장 예정 주식 수 4억 7,510만 237주 중에서 27.01%에 해당하는 1억 2,832만 5,645주는 상장 직후에 유통이 가능한 물량

의무보유확약 현황

구분	배정 수량(주)	비중(%)
6개월	13,260,150	36.81
3개월	5,068,543	14.07
1개월	3,141,600	8.72
15일	79,000	0.22
미확약	14,471,737	40.18

* 자료: DART

이다. 유통 가능 물량은 상장일부터 매도가 가능하므로 주식가격이 하락할 수 있다. 최대주주 등 의무보유등록자의 의무보유등록기간, 우리사주조합의 의무예탁기간이 종료되는 경우에는 추가적인 물량 출회로 주식 가격이 하락할 수 있다.

또한 공모주에 참여한 물량 중에서 미확약 물량이 1,447만 1,737주로 공모주 물량의 40.18%를 차지했다. 한편 주식의 매도로 인해 오버행 이슈 리스크 우려도 있었다.

기업 개요

—

카카오뱅크는 2016년 1월에 설립되었다. 2016년 11월 유상증자를 완료하며 자본금 3천억 원인 기업이 되었다. 2017년 4월 은행업 본인가를 취득하며 '한국카카오'에서 '한국카카오은행'으로 상호를 변경하고 7월부터 영업을 시작했다.

카카오뱅크는 은행법에 따라 설립된 인터넷전문은행이다. 출범과 동시에 다양한 상품을 출시했다. 영업 개시를 하자마자 폭발적인 성과를 이루면서 MAU가 1,335만 명에 이르렀다. 이는 시중은행을 뛰어넘은 수치다.

2021년 5월 말 기준으로 고객 1,653만 명 이상, 수신 26조 1천억 원, 여신 22조 7천억 원을 달성했다. 또한 플랫폼 비즈니스도 확장했다. 이마트, 마켓컬리와 함께 상품을 출시한 지 2주 만에 56만 계좌, 23만 계좌를 개설했다.

카카오뱅크는 뱅킹 비즈니스인 예금, 대출, 외화 송금, 지급 결제 등의 업무를 취급한다. 플랫폼 비즈니스에서는 주식계좌 개설, 제휴사 대출 추천, 제휴 신용카드 업무를 하고 있다. 모바일 앱 기반의 디지털 플랫폼 사업자로서 금융업뿐만 아니라 비금융업 전반에 걸친 파트너사들과 제휴를 하고, B2C 기반으로 한 다각적인 서비스를 제공하고 있다.

부문별 영업수익 비중

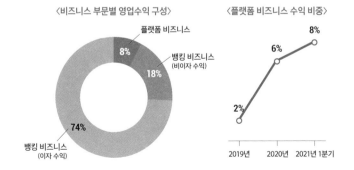

〈비즈니스 부문별 영업수익 구성〉

플랫폼 비즈니스
8%
뱅킹 비즈니스
(비이자 수익)
18%
74%
뱅킹 비즈니스
(이자 수익)

〈플랫폼 비즈니스 수익 비중〉

8%
6%
2%
2019년   2020년   2021년 1분기

203페이지 그래프를 보면 2021년 1분기 카카오의 뱅킹 비즈니스 영업수익은 92%이고, 플랫폼 비즈니스 영업수익은 8%였다. 특히 플랫폼 비즈니스 수익이 2019년에는 2%였으나, 2021년 1분기에는 8%까지 올랐다.

밸류에이션 산정

—

카카오뱅크는 은행업 라이선스를 보유하고 있는 인터넷전문은행이다. 모바일 기반이라서 전통적인 은행업과는 달리, 시간과 공간에 구애받지 않는 비즈니스를 할 수 있다.

은행업의 본질은 수신과 여신으로, 자금 수요자와 공급자를 연결해준다. 때문에 자본의 적정성이 매우 중요하다. 그리고 경제가 성장하는 과정에서 여신 성장에 따라 위험가중자산도 증가한다. 그러므로 바젤III 규제를 적용받는다.

자본의 규모가 영업활동 및 사업 성장의 중요한 변수이며, 자본효율성이 중요하다는 특성이 있다. 그렇기 때문에 카카오뱅크의 기업가치는 PBR 밸류에이션 방식을 적용했다.

PBR은 주가가 주당순자산의 몇 배인지를 나타내는 지표로, 자본 적정성이 요구되는 금융회사를 평가할 때 활용된다. PBR은 통상적으로 기업이 자본 규모와 효율성에 따라 기업가치가 결정되고, 자본을 기반으로 이익을 창출하는 금융회사에 적용된다.

은행업 비즈니스에 확장되는 구조를 갖고 있어서 국내 기업이 아닌 해외 기업을 유사기업으로 선정했다. 은행과 IT 플랫폼이 결합되며 높은 MAU를 기반으로 한 금융 플랫폼이기에 확장성과 성장성이 있어서 기존 은행과는 단순 비교가 어렵다고 보았다. 이러한 비즈니스는 국내 금융 지주와 은행들이 모방하기 어려운 새로운 방식의 성장 모델로 여겨진다.

산업·규모·재무·사업 유사성을 바탕으로 온라인과 모바일을 기반으로 한 여신 비즈니스와 B2C 금융 플랫폼 비즈니스의 영업수익 비중이 각각 20% 이상을 차지하는 4개 기업을 최종적으로 선정했다.

유사회사 선정 프로세스

선정 기준	세부 검토기준	해당기업
산업 유사성	- 블룸버그산업분류(BICS) 기준 하기 산업에 속하는 적격시장 상장기업 ① 은행(Banks) ② 재산관리(Wealth Management) ③ 데이터 및 거래 처리장치(Financial Transaction Processors) ④ 모기지 금융(Mortgage Finance)	Rocket Companies, Inc., Pagseguro Digital Ltd, TCS Group Holding PLC, Nordnet AB publ, Axos Financial, Inc., PayPal Holdings, Inc., Charles Schwab Corp, Square Inc 외 총 870개사 선정 ① 은행 601개사 ② 재산관리 87개사 ③ 데이터 및 거래 처리장치 90개사 ④ 모기지 금융 92개사
규모 유사성	- 2021년 1분기 말 자기자본 5억 USD 이상 (2021년 1분기 말 실적이 공시가 되어있을 것) - 시가총액 10억 USD 이상	Rocket Companies, Inc., Pagseguro Digital Ltd, TCS Group Holding PLC, Nordnet AB publ, Axos Financial, Inc., PayPal Holdings, Inc., Charles Schwab Corp, Square Inc 외 총 285개사 선정 ① 은행 209개사 ② 재산관리 17개사 ③ 데이터 및 거래 처리장치 25개사 ④ 모기지 금융 34개사
재무 유사성	- FY2020 기준 3개년 영업수익 연 평균 성장률(CAGR) 15% 이상 - FY2020 영업이익 시현	Rocket Companies, Inc., Pagseguro Digital Ltd, TCS Group Holding PLC, Nordnet AB publ, Axos Financial, Inc., PayPal Holdings, Inc., 외 총 56개사 ① 은행 37개 ② 재산관리 6개 ③ 데이터 및 거래 처리장치 8개 ④ 모기지 금융 5개
사업 유사성	- FY2020 기준 아래 비즈니스 영역 각각의 영업수익 비중이 모두 20% 이상 ① 온라인/모바일 기반 여신 비즈니스 ② B2C 금융플랫폼 비즈니스 (전통적 방식의 대면 영업 위주 금융회사, 특정 지역 기반 은행, 지급결제 전문회사, 자산관리 전문 회사, B2B 솔루션 기업 등 제외)	Rocket Companies, Inc. Pagseguro Digital Ltd TCS Group Holding PLC Nordnet AB publ

* 자료: DART

최종 비교기업은 로켓컴퍼니(Rocket Companies, Inc.), 페그세구로 디지털(Pagseguro Digital, Ltd), TCS그룹 홀딩(TCS Group Holding PLC), 노르드넷 AB publ(Nordnet AB publ)이다.

〈PBR 산출 계산 방법〉

- PBR = 기준 시가총액 / 자본총계

- 기준 시가총액: Min(기준일로부터 1개월간 평균주가, 1주일간 평균 주가, 기준일 주가)

- 자본총계: 2021년 1분기 말 기준

- 적용 환율: 1,132.20KRW/USD, 222.41KRW/BRL, 15.56KRW/ RUB, 131.51KRW/SEK 환율을 적용

비교회사 PBR 멀티플 산정내역

구분	산식	Rocket Companies, Inc.	Pagseguro Digital Ltd	TCS Group Holding PLC	Nordnet AB publ
기준시가총액 주1)	(A)	43,184,655	18,918,666	16,522,978	4,923,031
자본총계 주2)	(B)	9,404,053	2,152,996	2,057,841	644,004
PBR	(A)/(B)	4.6	8.8	8.0	7.6
적용 PBR 거래배수		7.3			

* 단위: 백만 원, 배
* 자료: 블룸버그(Bloomberg)

비교기업의 PBR 거래배수는 7.3배다. 당시 은행업의 PBR은 0.3~0.8배 수준으로, 기존 은행업과 비교했을 때 고평가 논란이 있었다. 그러나 플랫폼 기업으로서 타당성이 부합되면 일부 우려가 사라

카카오뱅크 평가 시가총액 산출내역

구분	산식	내용
PBR 거래배수	(A)	7.3
자본총계	(B)	28,495
공모자금유입액	(C)	21,599
평가 시가총액	(D) = (A) × (B) + (C)	229,610

* 단위: 배, 억 원
* 자본총계는 2021년 1분기 말 기준
* 공모자금 유입액은 공모가 하단 기준
* 자료: DART

주당 평가가액 산출내역

구분	산식	내용
평가 시가총액	(A)	229,610
공모전 발행주식수 주)	(B)	412,323,037
공모주식수	(C)	65,450,000
공모후 발행주식수	(D) = (B) + (C)	477,773,037
주당 평가가액	(E) = (A) / (D)	48,058

* 단위: 억 원, 주, 원
* 자료: DART

질 것이라 본다.

기업의 평가 시가총액은 공모자금 유입액을 합산해서 약 22조 9천억 원이다. 발행주식 수는 공모 전 발행주식 수와 공모주식 수를 합한 4억 7,777만 2,037주를 적용했다.

주당 평가가액을 계산하면 '평가 시가총액/공모 후 발행주식 수'인 4만 8,058원이다.

희망 공모가액 산출내역	
구분	내용
주당 평가가액	48,058
평가액 대비 할인율	18.8% ~ 31.3%
희망 공모가액 밴드	33,000원 ~ 39,000원
희망 시가총액 밴드	156,783억원 ~ 185,289억원
확정 공모가액	39,000원

* 자료: DART

확정 공모가액은 주당 평가가액을 기초로, 최근 5개년 코스피시장에 상장을 완료한 기업들의 평가액 대비 18.8~31.3% 할인율을 적용했다. 그래서 희망 공모가액은 3만 3천~3만 9천 원으로 제시했으며, 수요예측 결과 3만 9천 원으로 확정됐다.

상대가치 산출 결과

—

PBR 배수를 적용한 상대가치를 산출해본 결과, 확정 공모가액 기준으로 카카오뱅크의 기업가치는 약 18조 5천억 원이다. 증권사 리서치 자료에 따르면 목표주가가 4만~5만 원 사이로 산정됐다. 플랫폼의 가치, 높은 성장성, MZ 세대의 선호로 미래 이익 창출력이 높을 것으로 내다보았다.

결론

—

코스피시장에 입성한 카카오뱅크는 상장 첫날 상한가로 거래를 마쳤다. 당초 시장에서 기대했던 따상에는 실패했지만 금융 대장주의 면모를 보여주었다. 첫날 시초가는 확정 공모가보다 37.69% 오른 5만 3,700원으로 시작했다. 그리고 상한가에 도달하며 6만 9,800원에 거래를 마쳤다.

카카오뱅크는 공모가 대비 약 79% 상승했다. 종가 기준 시가총액은 약 33조 1천억 원으로 코스피 종목 11위로 올랐다. 금융주에서는 시가총액 1위를 차지하며 기존의 금융주 1위인 KB금융(21조 7천억 원)을 11조 6천억 원이나 앞섰다.

디지털을 매개로 한 MZ세대들의 소비가 늘어나면서 비대면 전자금융 거래의 수요가 급증했다. 앞으로 전 연령층에 걸쳐 디지털 채널에 대한 의존도가 높아지면서 수혜를 입을 것으로 전망된다. 100% 모바일 앱 기반인 UI/UX를 통해 상품의 디지털 혁신으로, 상품 경쟁력 강화와 잠재 시장 규모를 확대하고 있다.

카카오뱅크는 IT 개발 인력이 전체의 45%를 차지한다. 그만큼 유연한 인하우스 중심의 자체 개발 시스템이 금융 플랫폼 기업으로 성장동력이 될 것으로 보인다. 플랫폼이 성공적으로 안착하면서 2017년 기준으로 보면, 누적 고객이 100만 명에서 2021년 3월 기준 1,635만 명으로 폭발적으로 증가했다.

카카오뱅크의 기업가치는 향후 플랫폼 가치가 핵심 변수가 될 것이다. 플랫폼 가치를 결정짓는 변수는 2가지로 볼 수 있다.

첫째, 다양한 수익원 확보 능력에 대한 검증이다. 카카오뱅크가 플랫폼을 이용해 이익을 창출하는 분야는 증권연계 계좌 서비스, 연계 대출 서비스, 카드 사업 부문이다. 특히 증권연계 계좌에서 두드러진 실적을 보였다. 그리고 연계 대출 서비스도 플랫폼 경쟁력을 이용한 수익 모델이다. 비즈니스 모델의 핵심은 낮은 중위험 고객에게 저축은행 등 대출 연계 서비스를 제공해서 중금리 시장에 진입시키는 것이다.

둘째, 마이데이터 서비스다. 마이데이터 서비스 시장에서 카카오뱅크의 기대감은 매우 높다. 마이데이터를 기반으로 한 대환대출 플랫폼은 아마존과 유사한 비즈니스 모델이다. 대출 플랫폼을 성공적으로 안착시킨다면 카카오뱅크의 기업가치는 더 높아질 것이다. 다만 플랫폼 기업에 대한 규제가 생기고 있고, IPO로 사회적 책임이 더 커짐에 따라 카카오뱅크는 시험대에 오를 것으로 보인다.

세계적으로 디지털 경제의 가파른 성장과 MZ세대가 핵심 경제인구로 부상하면서 금융의 디지털 트랜스포메이션은 빠르게 진행될 것이다. 국내에서도 비대면 금융거래가 꾸준히 증가하고 있으므로 인터넷전문은행인 카카오뱅크의 성장이 긍정적으로 기대된다.

크래프톤

공모 관련 내용

—

① 공모 개요

　크래프톤은 코스피시장에 상장했다. 증권의 종류는 기명식 보통주로서 액면가액 100원 대비 4,980배가 높은 49만 8천 원으로 공모가를 확정했다. 모집 주식 수는 865만 4,230주로, 모집가액 49만 8천 원을 곱한 모집 총액이 약 4조 3천억 원이다.

　크래프톤은 게임 기업이다. 종속회사를 포함해 23개 기업을 보유하고 있다. 게임 소프트웨어 개발·서비스, 모바일·PC·콘솔 게임 제작, 국내외 퍼블리싱을 주요 사업으로 진행한다. 모집 총액이 두 번째

증권의 종류		증권수량	액면가액	모집(매출) 가액	모집(매출) 총액	모집(매출) 방법
기명식보통주		8,654,230	100	498,000	4,309,806,540,000	일반공모
인수인		증권의 종류	인수수량	인수금액	인수대가	인수방법
대표주관회사	미래에셋증권	기명식보통주	2,163,600	1,077,472,800,000	5,387,364,000	총액인수
공동주관회사	크레디트스위스증권	기명식보통주	2,163,600	1,077,472,800,000	5,387,364,000	총액인수
공동주관회사	엔에이치투자증권	기명식보통주	1,298,200	646,503,600,000	3,232,518,000	총액인수
공동주관회사	씨티그룹글로벌마켓증권	기명식보통주	1,298,200	646,503,600,000	3,232,518,000	총액인수
공동주관회사	제이피모간증권회사	기명식보통주	1,298,200	646,503,600,000	3,232,518,000	총액인수
인수회사	삼성증권	기명식보통주	432,430	215,350,140,000	1,076,750,700	총액인수
청약기일		납입기일	청약공고일	배정공고일	배정기준일
2021년 08월 02일~2021년 08월 03일		2021년 08월 05일	2021년 08월 02일	2021년 08월 05일	-

* 단위: 주, 원
* 자료: DART

로 큰 규모를 기록하면서 국내외 주관사에서 공동 참여했다.

상장공모는 865만 4,230주를 신주모집과 구주매출 방식으로 진행했다. 신주모집은 562만 4천 주로 공모주식의 65%를 배정했고, 구주매출은 303만 230주로 일반공모 매출 방식을 취했다. 공모가가 높았기에 구주매각 의사가 있었던 것으로 보인다.

통상적으로 구주매출 참여자는 재무적 투자자(FI)가 대부분이다. 그런데 창업자인 장병규 의장과 크래프톤 경영진들이 참여했다. 3대 주주인 벨리즈원은 전량 구주매출을 진행했다.

시장에서는 다소 높은 공모가 때문에 논란이 있었다. 또한 최대주주인 장병규 의장의 지분율이 공모 후에 14.37%로 줄어들면서 최대주주 변경과 관련한 경영 안정성 이슈도 제기되었다. 다만 크래프톤 입장에서는 특수관계인 지분을 포함해 약 29% 지분을 보유했고, 2대 주주와 지분율이 15%p가 차이 나기 때문에 경영 안정성 위험에는 큰 영향이 없을 것으로 내다보았다.

2대 주주인 이미지 프레임 인베스트먼트(Image Frame Investment)와는 협력하는 우호 주주로, 장기적인 파트너십을 구축한 것으로 보인다. 기업 내에서는 투자자 보호를 위해 장병규 최대주주와 구주매출을 진행하는 김창한 외 2인이 보유한 119만 4,685주(공모 후 기준 2.4%)에 대해서는 코스피시장 상장규정상 상장일로부터 6개월간 의무보유를 진행해야 했다. 그러나 상장 후 경영권 안정과 투자자 보호를 위해 자발적으로 6개월간 의무보유예탁을 추가로 진행해서 상장일로부터 1년간 매각 제한을 걸어두었다.

모집대표 주관회사로 미래에셋증권이 선정되었다. 공동 주관회사로는 크레디트스위스증권, NH투자증권, 씨티그룹글로벌마켓증권, JP모건이 참여했다. 공동 주관회사 중에서 해외 증권사 3곳이 참여했는데 이는 해외투자자의 높은 관심을 엿볼 수 있다.

배정 비율은 미래에셋증권, 크레디트스위스증권이 25%, NH투자증권, 씨티그룹글로벌마켓증권, JP모건이 15%다. 인수회사인 삼성증권은 5%다. 일반청약자에게 배정된 모집 물량은 대표 주관회사인 미래에셋증권, 공동 주관회사인 NH투자증권, 인수회사인 삼성증권을 통해 청약을 실시했다.

② 모집 내용

일반청약자 배정 물량 중에서 절반 이상은 균등배정 방식을 도입했다. 세부내역을 살펴보면 일반투자자 25~30%, 기관투자자

공모대상	주식수	배정비율	주당 공모가액	일반공모총액	비고
우리사주조합	1,730,846주	20.0%		861,961,308,000원	-
일반청약자	2,163,558주 ~ 2,596,269주	25.0% ~ 30.0%	498,000원 (주6)	1,077,451,884,000원 ~ 1,292,941,962,000원	-
기관투자자	4,759,826주 ~ 6,490,672주	55.0% ~ 75.0%		2,370,393,348,000원 ~ 3,232,354,656,000원	고위험고수익투자신탁 배정물량 포함
합계	8,654,230주	100.0%		4,309,806,540,000원	-

* 자료: DART

55~75%, 우리사주조합 20%가 배정되었다. 우리사주조합은 총 공모 주식의 20%가 우선 배정되었다.

증권신고서 제출일에 주식매수선택권 행사를 통한 잠재 주식 수는 146만 2,115주로, 공모 후 주식 수의 약 2.9%다. 상장 후 1년 이내에 행사 가능 주식 수는 55만 6,540주로, 공모 후 주식 수 1.11%에 해당한다. 주식매수선택권 행사로 인해 신주가 발행되어 보통주로 시장에 출회되는 경우, 주가 희석 요인으로 작용할 가능성이 있다.

일반청약 모집 주식 수를 보면 대표 주관회사인 미래에셋증권이 51만 7,408~62만 890주로 가장 많았다. 공동 주관회사인 NH투자증권 46만 6,792~56만 150주, 인수회사인 삼성증권 42만 1,800~50만 160주다. 전체 일반청약 모집 주식 수는 140만 6천~168만 7,200주로 모집 총액이 약 7,002억~8,402억 원이다. 해외 배정 비율이 높아서 국내의 개인투자자가 청약할 수 있는 물량이 많지 않았다.

구주매출인 벨리즈원 유한회사(276만 9,230주), 김창한(14만 주), 김형준(10만 주), 조두인(2만 1천 주)이 보유한 주식은 수요예측 후 결정된

보유자	회사와의 관계	증권의 종류	매출전 보유증권수	매출증권수 (주1)	매출 후 보유증권수
벨리즈원 유한회사(주2)	최대주주의 특수관계법인	기명식보통주	2,769,230	2,769,230	-
김창한(주3)	등기임원	기명식보통주	684,255	140,000	544,255
김형준(주4)	계열회사 등기임원	기명식보통주	710,000	100,000	610,000
조두인(주5)	계열회사 등기임원	기명식보통주	61,430	21,000	40,430
합 계			4,224,915	3,030,230	1,194,685

＊자료: DART

공모가액으로 매출을 진행했다. 매출 후 남은 주식 수는 약 120만 주
이다.

③ 수요예측

수요예측 참여내역은 621건, 기관투자자 경쟁률이 243.15:1이다.
대어급 공모주가 1000:1을 넘어섰던 것과 비교하면 크래프톤의 경쟁
률은 낮았다. SK아이이테크놀로지(1883:1), 카카오뱅크(1733:1), SD바
이오센서(1144:1) 등의 25% 수준에 그쳤다.

수요예측 기간이 2주로 길었던 점도 경쟁률에 영향을 준 것으로
보인다. 통상 수요예측은 2일간 진행되지만 크래프톤은 2주간 진행되
었다. 그 이유는 해외투자자 참여를 끌어오기 위한 것이었는데, 해외
기관에 집중한 나머지 국내 기관 흥행이 적었던 것으로 파악된다.

그러나 기관과 해외투자자의 자금이 몰리면서 질적으로는 우수한
평가를 받았다. 다른 대어급에 비해 공모 규모가 2배 이상이었기 때

일자	국내		해외						총계	
			거래관계 유		거래관계 무		소계			
	수량	비중	수량	비중	수량	비중	수량	비중	수량	비중
1일차 (07월 14일)	41,573,000	4.4%	44,206,407	70.7%	–	0.0%	44,206,407	21.5%	85,779,407	7.4%
2일차 (07월 15일)	6,490,000	0.7%	2,994,554	4.8%	–	0.0%	2,994,554	1.5%	9,484,554	0.8%
3일차 (07월 16일)	2,000,000	0.2%	2,899,187	4.6%	–	0.0%	2,899,187	1.4%	4,899,187	0.4%
4일차 (07월 19일)	6,490,000	0.7%	1,983,057	3.2%	–	0.0%	1,983,057	1.0%	8,473,057	0.7%
5일차 (07월 20일)	2,000	0.0%	2,000,620	3.2%	–	0.0%	2,000,620	1.0%	2,002,620	0.2%
6일차 (07월 21일)	3,000	0.0%	369,313	0.6%	–	0.0%	369,313	0.2%	372,313	0.0%
7일차 (07월 22일)	1,175,000	0.1%	737,235	1.2%	–	0.0%	737,235	0.4%	1,912,235	0.2%
8일차 (07월 23일)	52,382,000	5.5%	5,391,688	8.6%	–	0.0%	5,391,688	2.6%	57,773,688	5.0%
9일차 (07월 26일)	96,773,000	10.2%	1,748,032	2.8%	6,400,000	4.5%	8,148,032	4.0%	104,921,032	9.1%
10일차 (07월 27일)	745,244,000	78.3%	168,404	0.3%	136,297,000	95.5%	136,465,404	66.5%	881,709,404	76.2%
총합계	952,132,000	100.0%	62,498,497	100.0%	142,697,000	100.0%	205,195,497	100.0%	1,157,327,497	100.0%

＊ 자료: DART

문에 소형 투자사 딜은 낮았으나, IPO 참여 경험이 많고 장기투자 성향이 높은 대형 기관투자자가 적극적으로 참여했다. 결국 우량 기관투자자 중심으로 양질의 수요예측 결과가 나왔다고 본다.

특히 해외 기관투자자 전체 수요의 30% 넘는 물량이 장기투자 펀드였다. 해외 기관 중에서는 싱가포르투자청(GIC)과 블랙록자산운용사 등 대형 기관이 수요예측에 참여했다.

크래프톤 공모 규모는 4조 3천억 원으로 삼성생명에 이어 두 번째였다. 이 중에서 기관 배정 물량은 약 3조 2천억 원이었다. 주체별 경쟁률을 살펴보면 운용사 93.66:1, 투자매매·중개업자 5.97:1, 연기금·운용사(고유자산)·은행·보험 51.04:1, 기타 49.37:1이다.

수요예측 분포도는 총 621건으로, 밴드 상단 초과 59건, 밴드 상위 75% 초과~100% 이하가 246건이다. 수요예측 분포도에서 밴드 상단 비중은 약 49%였다. 밴드 하위 75% 미만~100% 이상, 밴드 하단 미

수요예측 신청가격 분포 통계

| 구분 | 국내 기관투자자 | | | | | | | | 외국 기관투자자 | | | | 합계 | |
| | 운용사(집합) | | 투자매매, 중개업자 | | 연기금, 운용사(고유), 은행, 보험 | | 기타 | | 거래실적 유(주1) | | 거래실적 무 | | | |
	건수	수량	건수	수량	건수	수량	건수	수량	건수	수량	건수	수량	건수	수량
밴드상단초과	11	28,621,000	1	6,490,000	14	69,714,000	12	38,551,000	-	-	21	136,290,000	59	279,666,000
밴드 상위 75% 초과~100% 이하	119	326,321,000	15	15,412,000	49	152,586,000	56	167,083,000	7	3,627,823			246	665,029,823
밴드 상위 50% 초과~75% 이하	-		-		1	1,000	-						1	1,000
밴드 상위 25% 초과~50% 이하	-		-		-		-							
밴드 중간값 초과~상위 25% 이하	6	10,633,000	-		-		1	737,000					7	11,370,000
밴드 중간값														
밴드 중간값 미만~하위 25% 이상	1	1,000	-		-		-						1	1,000
밴드 하위 25% 미만~50% 이상	-		-		-		-							
밴드 하위 50% 미만~75% 이상	-		-		3	77,000							3	77,000
밴드 하위 75% 미만~100% 이상	65	20,357,000	1	1,000	17	7,598,000	21	20,120,000	-		1	1,000	105	48,077,000
밴드하단미만	9	17,000	-		7	8,000	6	8,000			5	6,000	27	37,000
미제시	20	59,842,000	1	6,490,000	3	12,981,000	8	8,485,000	139	58,870,674	1	6,400,000	172	153,068,674
합계	231	445,792,000	18	28,393,000	94	242,965,000	104	234,982,000	146	62,498,497	28	142,697,000	621	1,157,327,497

* 자료: DART

만, 미제시 건은 304건으로 전체 대비 약 50%였다.

수요예측 신청가격 분포를 살펴보았을 때, 중소형 기관이 소극적으로 참여하면서 이전의 대어급 공모주 수요예측보다 저조한 결과가 나온 것으로 보인다.

수요예측 신청가격 분포

| 구분 | 참여건수 기준 | | 신청수량 기준 | |
	참여건수(건)	비율	신청수량(주)	비율
498,000원 초과	59	9.5%	279,666,000	24.2%
498,000원	245	39.5%	665,021,823	57.5%
400,000초과 498,000원 미만	17	2.7%	11,462,000	1.0%
400,000원	101	16.3%	48,072,000	4.2%
400,000원 미만	27	4.3%	37,000	0.0%
가격 미제시	172	27.7%	153,068,674	13.2%
합계	621	100.0%	1,157,327,497	100.0%

* 자료: DART

수요예측 결과 49만 8천 원 이상 신청 건은 34건으로 49%였다. 그런데 신청 수량 기준 비율은 81.7%였다. 수요예측에서 희망 공모가 범위 하단인 40만 원으로 주문을 넣은 기관은 101곳으로, 전체의 16.3%에 달했다. 밴드 하단 미만으로 주문을 넣은 기관도 27곳으로 4.3%였다. 수요예측에 참여했던 기관 중에서 총 20.6%가 공모가 하단 이하를 제시한 것이다.

그동안의 IPO 시장 분위기를 감안하면 일어나기 어려운 일이다. 대부분의 기관투자자들은 희망 공모가 범위 혹은 상단 초과 주문을 넣기 때문이다. 일각에서는 수요예측 경쟁률을 부풀리기 위한 허수 주문이 다수 존재한 것이라고 보았다.

일반 청약증거금은 5조 358억 원이 모였다. 일반청약 최종 경쟁률 7.79:1을 기록하며 일반청약 흥행에는 참패를 기록했다. 일반투자자 대상 공모금액이 약 1조 3천억 원에 달했지만, 높은 공모가에 따른 부담 때문에 청약 참여가 저조했던 것으로 보인다. 카카오뱅크(182.7:1), SK아이이테크놀로지(288.2: 1), SK바이오사이언스(335.36: 1)에 비하면 저조한 성적이다.

크래프톤 전체 공모주 865만 주 중에서 30%인 약 260만 주가 일반투자자에게 배정되었다. 50%는 균등배정, 50%는 비례배정이었다. 우리사주조합의 약 34만 6천 주가 미청약이 발생하면서 일반청약자에게 배정되었다.

대표 주관사 및 인수단으로 참여한 증권사에 약 2,023만 주가 접수되었다. 증권사별 경쟁률을 보면 미래에셋증권 9.5:1, NH투자증권

증권사	배정 물량(주)	신청 수량(주)	청약 건수(건)	경쟁률
미래에셋증권	955,427	9,080,850	117,850	9.5:1
NH투자증권	861,961	5,787,840	94,363	6.71:1
삼성증권	778,881	5,355,250	85,068	6.88:1
합계	2,596,269	20,223,940	297,211	7.79:1

* 자료: 미래에셋증권

6.71:1, 삼성증권 6.88:1이다.

증권사 3곳에 들어온 청약 건수는 약 29만 6천 건에 불과했다. 중복청약이 불가능했던 카카오뱅크의 청약 건수 188만 건에 대비 약 16% 수준이다. 크래프톤은 중복청약이 가능했는데도 아쉬운 성적을 받았다.

각 증권사 청약자들은 균등배정으로 4~5주, 비례배정으로 1~2주를 받았다. 만약 최소 단위인 10주, 그러니까 498만 원을 청약했다면 미래에셋증권을 기준으로 균등 4~5주, 비례 0~1주를 받고, NH투자증권을 기준으로 균등 4~5주, 비례 1~2주를 받았다. 청약 관련 내용은 증권발행 실적보고서를 통해 자세히 확인할 수 있다.

④ 의무보유확약

기관투자자의 의무보유확약 비율이 저조했다. 크래프톤의 의무보유확약 비율은 전체 대비 12.88%인 80건에 그쳤다. 수량 기준으로도

의무보유확약 현황

구분	국내 기관투자자		해외 기관투자자		합계	
	수량	비중	수량	비중	수량	비중
6개월	30,271,000	3.18%	0	0%	30,271,000	2.62%
3개월	80,042,000	8.41%	464,727	0.22%	80,506,727	6.96%
1개월	97,023,000	10.19%	3,401,801	1.66%	100,424,801	8.68%
15일	13,604,000	1.43%	0	0%	13,604,000	1.18%
미확약	700,811,000	73.6%	201,328,969	98.12%	902,139,969	77.95%

* 단위: 건
* 자료: DART

22.05%에 불과했다. SK바이오사이언스(85.26%), SK아이이테크놀로지(57.9%)는 물론, 의무보유확약 비율이 낮다는 지적이 나왔던 카카오뱅크(41.27%)보다도 낮은 수준이었다.

해외 기관투자자의 의무확약 물량은 1.88%로 사실상 전무했다. 확약 물량은 1개월 물량 1.66%, 3개월 물량 0.22% 등 1%대에 그쳤다. SK바이오사이언스 62.6%, SK아이이테크놀로지 36.6%, 카카오뱅크 13.4%보다 훨씬 낮았다.

크래프톤은 상장 후에 바로 매도할 수 있는 물량이 많았기에 수급적으로 주가에 부담을 줄 수 있었다. 특히 해외 기관들의 의무보유확약 비율이 현저히 낮다는 점은 크래프톤이 상장 후에 주가 하락에 대한 우려를 제기할 수 있는 부분이었다. 수요예측 결과 의무보유확약이 비율이 낮게 집계되면서 공모가 거품 논란이 제기되기도 했다.

기업 개요

—

크래프톤은 게임 개발·퍼블리싱을 주요 사업으로 영위하는 글로벌 게임 기업이다. 펍지, 블루홀, 라이징윙스, 드림모션, 스트라이킹 디스턴스 스튜디오(Striking Distance Studios) 등 5개의 개발 스튜디오를 보유하고 있다. 그리고 전 세계 200개국 이상 서비스하고 있는 게임 '배틀그라운드'를 보유했다.

국내 MMORPG(다중 사용자 온라인 롤 플레잉 게임 또는 다중 접속 역할수행 게임) 최초로 글로벌 시장에서 인정받은 게임인 '테라', 그리고 2020년 12월 카카오게임즈를 통해 출시한 게임인 '엘리온'까지, 국내는 물론이고 해외에서도 IP 게임을 확보하고 있다. 2021년 1분기 매출 비중에서 94%가 해외에서 발생한 만큼, 해외 고객에 특화된 게임 라인업을 보유하고 있다.

배틀그라운드는 세계적인 게임이다. 인도, 중동 지역에서 독보적

개발 스튜디오 현황

개발 스튜디오	전문 장르	비고
펍지	배틀로얄, 서바이벌	- 〈배틀그라운드〉 개발사 - 〈배틀그라운드〉, 〈배틀그라운드 모바일〉 등 대형 배틀로얄 개발 경험론 보유 - 〈배틀그라운드: NEW STATE〉, 〈Thunder Tier One〉 등 개발 중
블루홀	MMORPG	- 당사 내 In-House 스튜디오 형태에서 2020년 12월 분할신설 - 〈테라〉, 〈엘리온〉 등 대형 MMORPG 개발 경험 보유
라이징윙스	캐주얼 (스포츠, 아케이드)	- ㈜피닉스와 ㈜딜루젼스튜디오가 합병하며 신설 - 〈볼링킹〉, 〈골프킹〉 등 캐주얼 모바일게임 개발 전문
드림모션	액션, 전략, 로그라이크	- 〈Gun Strider〉, 〈Road to Valor: World War II〉, 〈Ronin: The Last Samurai〉 개발 - 5년 내 3개의 타이틀을 성공적으로 런칭. 모바일게임 전문 - 다양한 장르로의 도전을 통한 기존 게임 및 플레이 패턴을 재해석하고 새롭게 조합하는 역량 보유
Striking Distance Studios	서바이벌, 호러	- 서구권에서 AAA급 타이틀을 주로 제작하던 제작진을 주축으로 미국 캘리포니아에 설립 - AAA급 게임인 〈The Callisto Protocol〉을 2022년 PC, 콘솔 플랫폼에서 출시 목표로 개발 중

＊자료: DART

순위	2018년	2019년	2020년
1	캔디 크러쉬 사가	캔디 크러쉬 사가	**배틀그라운드 모바일**
2	**배틀그라운드 모바일**	**배틀그라운드 모바일**	캔디 크러쉬 사가
3	클래시 오브 클랜	Garena Free Fire	Ludo King
4	클래시 로얄	Subway Surfers	Among Us
5	Subway Surfers	Roblox	Garena Free Fire
6	Pokemon Go	Pokemon Go	Roblox
7	Helix Jump	마인크래프트	Call of Duty Mobile
8	8 Ball Pool	클래시 오브 클랜	Subway Surfers
9	Garena Free Fire	브롤스타즈	마인크래프트
10	캔디 크러쉬 소다 사가	클래시 로얄	Pokemon Go

* 자료: 앱애니(AppAnnie)

인 지위를 얻어 '프리미엄 게임'으로 자리 잡았다. 인도 시장에서는 2020년에 게임 앱 매출 순위 1위를 차지했고, 누적 다운로드 수가 2억 7천만 회를 돌파했다. 중동 및 북아프리카 16개국 중 15개 국가에서 매출 순위 1위를 기록했다. 신흥 시장에서도 큰 인기를 얻고 있다. 배틀그라운드는 PC와 콘솔에서 시작해 모바일까지 진출하며 기업의 핵심 콘텐츠를 보유하고 있다.

밸류에이션 산정

—

크래프톤은 2020년 온기 실적 및 2021년 1분기 연 환산 실적을 산술평균한 기준으로 PER 가치평가를 적용했다. PER 가치평가를 적용

한 이유는 지배주주 순이익을 기준으로 상대가치를 산출하기에, 연결
기업의 수익성 반영 측면에서 유용하기 때문이다. 또한 산업의 성장
성 등이 반영되면서 특정 산업과 관련된 기업의 성장성, 수익성, 위험
관련 할인 요인도 주가에 반영될 수 있다는 측면에서 크래프톤에 적
합한 가치평가 방법이다.

비교기업은 사업 모델, 매출과 이익 등의 규모, 주요 매출 발생 지
역, 밸류체인 내 시장 지배력, IP의 희소성, 핵심 개발진의 역량 등을
고려해 국내의 게임·퍼블리싱 기업을 선정했다.

유사회사 선정 프로세스

요건	세부 검토기준	대상회사
모집단 선정	① 블룸버그산업분류(Bloomberg Industry Classification Standards, BICS) 상 Level 4 분류가 비디오게임(Video Games)인 기업 ② 한국거래소 유가증권시장 또는 코스닥시장에 상장된 회사	엔씨소프트, 넷마블, 카카오게임즈, 펄어비스, 컴투스, 엔에이치엔 등 34개사
재무 유사성	① 분석일 현재 시가총액이 3조원 이상인 회사 ② 분석일 현재 2021년 1분기 재무수치가 공시된 회사	엔씨소프트, 넷마블, 카카오게임즈, 펄어비스 등 4개사
사업 유사성	① 최근 사업연도 기준 매출 내 게임 및콘텐츠 비중이 70% 이상인 회사 ② 주력 사업이 소셜카지노 및 아케이드게임이 아닌 회사	엔씨소프트, 넷마블, 카카오게임즈, 펄어비스 등 4개사
일반 요건	① 분석일 현재 최근 6개월 간 신규상장, 중대한 유상증자, 중대한 영업 양/수도, 거래정지, 감사의견 거절, 관리종목 지정 등 기업가치에 중대한 영향을 주는 사건 이 발생하지 않은 회사	엔씨소프트, 넷마블, 카카오게임즈, 펄어비스 등 4개사

* 자료: DART

게임과 콘텐츠 사업을 영위하는 기업은 거대한 자본력을 바탕으
로 신작 모멘텀을 이어가기 때문에 '규모의 경제'가 적용된다. 이 중
에서 기업가치 3조 원 이상, 게임 및 콘텐츠 비중 70% 이상 등 재무와
사업 면에서 유사성이 있는 기업으로 선정했다. 최종 비교기업은 엔
씨소프트, 넷마블, 카카오게임즈, 펄어비스다.

회사명	BICS 상 Lv 4 분류	최근 사업연도 매출 구성	선정 여부
엔씨소프트	게임	모바일게임 69.5%, 온라인게임 19.0%, 로열티 9.0% 등	O
넷마블	게임	모바일게임 92.6%, 온라인게임 1.7% 등	O
카카오게임즈	게임	모바일게임 50.2%, PC게임 37.1% 등	O
펄어비스	게임	모바일게임 45.4%, 온라인게임 42.7%, 콘솔게임 11.0% 등	O

* 자료: DART

〈PER 산출 계산 방법〉

- PER = 주가 / 주당순이익 또는 PER = 시가총액 / 지배주주 순이익

- PER을 이용한 비교가치 = 비교회사 PER × 지배주주 순이익

- 주당 평가가액 = 시가총액 / 공모 후 주식수

- 적용 주식 수 = 증권신고서 제출일 현재 주식 수 + 신주모집 주식 수

  + 미전환 주식매수선택권의 수

- 비교회사 기준주가: Min(1개월 평균주가, 1주일 평균주가, 분석일 주가)

PER은 순손실이 있는 기업과는 비교할 수 없다. 비교회사가 동일 업종과 동일 사업을 영위해도 각 기업의 고유한 사업 구조, 시장점유율, 인력 수준, 재무 안정성, 경영진, 경영 전략 등에 차이가 있어서 비교하는 데 한계가 있다.

거래 배수 측면에서는 배당 성향 및 할인율, 기업 성장률, 이익 규모, 현금창출 능력, 내부유보율, 자본금 규모 등 요인이 다를 수 있기에 어려울 수 있다.

비교기업의 PER 거래배수는 40.4배이며, 1분기 지배주주 순이익

구분	산식	엔씨소프트	넷마블	카카오게임즈	펄어비스
기준시가총액	(A)	18,068,160	11,216,932	4,111,561	4,086,813
지배주주순이익	(B)	587,403	312,851	85,971	86,608
P/E	(C)=(A)/(B)	30.8	35.9	47.8	47.2
적용 여부		○	○	○	○
적용 P/E 거래배수		40.4			

* 단위: 백만 원, 배
* 2020년 온기 지배주주 순이익 적용
* 자료: 블룸버그(Bloomberg, 2020년 온기)

구분	산식	엔씨소프트	넷마블	카카오게임즈	펄어비스
기준시가총액	(A)	18,068,160	11,216,932	4,111,561	4,086,813
지배주주순이익	(B)	323,509	225,698	83,023	121,787
P/E	(C)=(A)/(B)	55.9	49.7	49.5	33.6
적용 여부		○	○	○	○
적용 P/E 거래배수		47.2			

* 단위: 백만 원, 배
* 2021년 1분기 연 환산 지배주주 순이익 적용
* 자료: 블룸버그(Bloomberg, 2021년 1분기)

을 연 환산 적용시 47.2배였다. 2021년 PER 기준 비교기업 중에서 엔씨소프트가 55.9배로 가장 높았고, 펄어비스가 33.6배로 가장 낮았다.

크래프톤은 2021년 하반기에 출시할 예정이던 '배틀그라운드: 뉴스테이트(NEW STATE)', 2021년 하반기에 인도에서 매출 재개, 2021년 4분기에 예정된 '엘리온'의 북미·유럽 출시 등 2021년 실적에 영향을 미칠 수 있는 요인은 반영하지 않았다.

기업의 평가 시가총액은 공모자금 유입액을 합산하면 약 29조 2천억 원이다. 발행주식 수는 공모 전 발행주식 수, 공모주식 수, 희석 가

구분	산식	단위	내용
평가시가총액	(A)	백만원	29,166,229
공모 전 발행주식수	(B)	주	43,274,070
공모주식수	(C) = (D) + (E)	주	8,654,230
신주모집주식수	(D)	주	5,624,000
구주매출주식수	(E)	주	3,030,230
공모 후 발행주식수	(F) = (B) + (D)	주	48,898,070
희석가능주식수	(G)	주	1,462,115
공모 후 잠재주식수	(H) = (F) + (G)	주	50,360,185
주당 평가가액	(I) = (A) / (H)	원	579,153

* 자료: DART

구분	내용
주당 평가가액	579,153원
평가액 대비 할인율	30.9% ~ 14.0%
희망 공모가액 밴드	400,000원 ~ 498,000원
확정 공모가액	**498,000원**

* 자료: DART

능 주식 수를 합한 5,036만 185주다. 주당 평가가액은 '평가 시가총액/
공모 후 잠재 주식 수'인 57만 9,153원이다.

　확정 공모가액은 주당 평가가액을 기초로, 최근 5개년 코스피시장
에 상장한 기업들의 평가액 대비 32.0~19.1% 할인율을 적용해 40만
~49만 8천 원이었다. 수요예측 결과 49만 8천 원으로 확정됐다.

상대가치 산출 결과

—

PER 배수를 적용한 상대가치를 산출해본 결과, 확정 공모가액 기준으로 크래프톤의 기업가치는 약 24조 4천억 원이었다. 증권사 리서치 자료에 따르면 목표주가를 50만~70만 원 사이로 산정됐다. 배틀그라운드의 흥행이 장기화하고, 배틀그라운드 IP 기반의 신작 출시로 성장성과 수익성이 나타날 것으로 전망했다.

결론

—

크래프톤은 상장하기 전에 고평가 논란이 있었다. 그래서인지 확정 공모가 49만 8천 원보다 하락한 45만 4천 원에 거래를 마쳤다. 공모가 대비 약 9%가 하락했다. 2021년 하반기 IPO 시장에서 공모가를 밑돈 것은 처음 있는 일이었다. 상장 직후에 유통 가능 주식 수가 많았던 점이 주가에 변동성을 키운 것이다. 그러나 크래프톤의 밸류에이션은 부담은 있지만, 성장 가능성이 있으므로 기대감은 있다.

크래프톤은 글로벌 게임기업으로, 게임 개발·퍼블리싱을 주요 사업으로 한다. 2020년 기준으로 게임 판매 플랫폼에 따라 PC 게임 15.9%, 모바일 게임 80.3%, 콘솔 게임 1.8%의 매출을 차지했다. 지역별 매출 비중은 국내 약 12.1%, 해외 87.9%로, 대부분이 해외에서 발생했다. 지역별로 살펴보면 아시아 84.9%, 북미·유럽 2%, 기타 1% 순이다.

크래프톤은 2017년 PUBG에서 개발한 배틀그라운드가 출시되자마자 단숨에 글로벌 IP로 성장했다. 사전에 출시된 게임 기준으로 보면 16일 만에 100만 장을 판매했다. 스팀 동시 접속자 수 1위도 기록했다. PC 게임으로 시작한 배틀그라운드가 성공하면서 그 영역을 모바일과 콘솔로 확장했다.

2018년 3월, 배틀그라운드 모바일 버전을 출시하며 글로벌 시장에서 흥행을 이어갔다. 2021년 11월, 크래프톤은 신작 배틀그라운드 '뉴 스테이트'를 출시했다. 출시 초반부터 많은 유저들이 유입되면서 장기적으로 흥행할 것이라 기대했었다. 2022년에는 신작 SF호러게임 '칼리스토 프로토콜(Callisto Protocol)' 출시가 예정되어 있다.

크래프톤은 메타버스 플랫폼으로의 진화 전략과 PUBG의 단일 IP에 대한 밸류에이션 해소가 되면 앞으로의 전망이 밝을 것으로 기대된다.

LG에너지솔루션

공모 관련 내용

—

① 공모 개요

LG에너지솔루션은 코스피시장에 상장했다. 증권의 종류는 기명식 보통주로서 액면가액 대비 600배가 높은 30만 원에 공모가를 확정됐다. 모집 주식 수는 4,250만 주로, 모집가액 30만 원을 곱한 모집 총액이 약 12조 7,500억 원이다. 이는 역대 최대 규모다.

LG에너지솔루션은 전기차 성장 모멘텀의 영향으로 공모가가 상단에서 확정됐다. 모집 총액이 13조 원에 육박하면서 11곳의 증권사가 참여했다.

공모 개요

증권의 종류	증권수량	액면가액	모집(매출) 가액	모집(매출) 총액	모집(매출) 방법
기명식보통주	42,500,000	500	300,000	12,750,000,000,000	일반공모

인수인		증권의 종류	인수수량	인수금액	인수대가	인수방법
공동대표주관회사	KB증권	기명식보통주	9,350,000	2,805,000,000,000	19,635,000,000	총액인수
공동대표주관회사	모간스탠리인터내셔날증권회사 서울지점	기명식보통주	8,075,000	2,422,500,000,000	16,957,500,000	총액인수
공동주관회사	대신증권	기명식보통주	4,675,000	1,402,500,000,000	9,817,500,000	총액인수
공동주관회사	신한금융투자	기명식보통주	4,675,000	1,402,500,000,000	9,817,500,000	총액인수
공동주관회사	골드만삭스증권회사 서울지점	기명식보통주	4,675,000	1,402,500,000,000	9,817,500,000	총액인수
공동주관회사	메릴린치인터내셔날엘엘씨증권 서울지점	기명식보통주	4,675,000	1,402,500,000,000	9,817,500,000	총액인수
공동주관회사	씨티그룹글로벌마켓증권	기명식보통주	4,675,000	1,402,500,000,000	9,817,500,000	총액인수
인수회사	미래에셋증권	기명식보통주	425,000	127,500,000,000	892,500,000	총액인수
인수회사	신영증권	기명식보통주	425,000	127,500,000,000	892,500,000	총액인수
인수회사	하나금융투자	기명식보통주	425,000	127,500,000,000	892,500,000	총액인수
인수회사	하이투자증권	기명식보통주	425,000	127,500,000,000	892,500,000	총액인수

* 단위: 주, 원
* 자료: DART

모집 대상 신주배정 주식인 3,400만 주에 대한 인수 비율은 공동대표 주관회사인 KB증권과 모건스탠리인터내셔날 증권회사가 맡았다. 각각 22%, 19% 배정 비율이었다. 공동 주관사로 참여한 대신증권, 신한금융투자, 골드만삭스증권, 메릴린치증권, 씨티그룹글로벌마켓증권은 배정 비율이 11%이었다. 나머지 인수회사인 미래에셋증권, 신영증권, 하나금융투자, 하이투자증권은 1%씩 받았다.

② 모집 내용

상장공모는 신주모집 3,400만 주(80%), 구주매출 850만 주(20%)에 의해 진행했다. 3,400만 주 중에서 80%인 2,720만 주를 일반공모로 진행했고, 나머지 20%인 680만 주는 우리사주조합에 배정됐다. 일반청약자는 1,062만 5천~1,275만 주인 3조 1,875억~3조 8,250억 원, 기관투자자는 7조 125억~9조 5,625억 원이 배정됐다.

공모대상	주식수	배정비율	주당 공모가액	일반공모총액	비고
우리사주조합	8,500,000주	20.0%		2,550,000,000,000원	-
일반청약자	10,625,000주 ~ 12,750,000주	25.0% ~ 30.0%	300,000원 (주6)	3,187,500,000,000원 ~ 3,825,000,000,000원	-
기관투자자	23,375,000주 ~ 31,875,000주	55.0% ~ 75.0%		7,012,500,000,000원 ~ 9,562,500,000,000원	고위험고수익투자신탁 배정물량 포함
합계	42,500,000주	100.0%		12,750,000,000,000원	-

* 자료: DART

③ 수요예측

수요예측은 총 1,988건, 밴드 상단 및 초과가 총 1,553건이었다. 기관투자자를 대상으로 한 LG에너지솔루션 수요예측에는 1경 5,203조원이 몰리면서 코스피 IPO 시장의 새 역사를 썼다. 필자도 주식시장에서 10년간 근무를 하면서 '경(京)'이라는 단어를 처음 보았다.

LG에너지솔루션이 수요예측 흥행에 성공하면서 기관투자자 수요예측 경쟁률이 2023:1을 기록했다. LG에너지솔루션은 2022년 IPO 최

수요예측 분포

구분	국내 기관투자자								외국 기관투자자				합계	
	운용사(집합)		투자매매, 중개업자		연기금, 운용사(고유), 은행, 보험		기타		거래실적 유 (주1)		거래실적 무			
	건수	수량	건수	수량	건수	수량	건수	수량	건수	수량	건수	수량	건수	수량
밴드상단초과	232	6,910,914,000	19	536,510,000	119	3,439,004,000	331	10,013,337,000	1	236,980	92	1,287,805,000	794	22,187,806,980
밴드 상위 75% 초과~100% 이하	221	5,910,574,000	18	478,560,000	116	2,885,944,000	343	9,779,343,000	12	9,625,497	49	1,558,820,000	759	20,622,866,497
밴드 상위 50% 초과~75% 이하	-	-	-	-	-	-	-	-	-	-	-	-	-	-
밴드 상위 25% 초과~50% 이하	-	-	-	-	-	-	-	-	-	-	-	-	-	-
밴드 중간값 초과~상위 25% 이하	-	-	-	-	-	-	-	-	-	-	-	-	-	-
밴드 중간값	-	-	-	-	-	-	-	-	-	-	-	-	-	-
밴드 중간값 미만~하위 25% 이상	-	-	-	-	-	-	-	-	-	-	-	-	-	-
밴드 하위 25% 미만~50% 이상	-	-	-	-	-	-	-	-	-	-	-	-	-	-
밴드 하위 50% 미만~75% 이상	-	-	-	-	-	-	-	-	-	-	-	-	-	-
밴드 하위 75% 미만~100% 이상	-	-	-	-	-	-	-	-	-	-	-	-	-	-
밴드하단미만	-	-	-	-	-	-	-	-	-	-	-	-	-	-
미제시	35	898,993,000	2	31,956,000	40	937,640,000	60	1,517,204,000	263	262,100,784	35	837,750,000	435	4,485,643,784
합계	488	13,720,481,000	39	1,047,026,000	275	7,262,588,000	734	21,309,884,000	276	271,963,261	176	3,684,375,000	1,988	47,296,317,261

* 자료: DART

대어로 꼽힌 만큼, 수요예측 경쟁률도 남달랐다. 이는 코스피 IPO 수요예측 사상 최고 기록이었다. 2021년에 상장한 SK아이이테크놀로지(1883:1), 카카오뱅크(1733:1)의 경쟁률을 큰 폭으로 제쳤다.

구분	참여건수 기준		신청수량 기준	
	참여건수(건)	비율	신청수량(주1)	비율
300,000원 초과	794	39.94%	22,187,806,980	46.91%
300,000원	759	38.18%	20,622,866,497	43.60%
257,000원 초과 300,000원 미만	-	-	-	-
257,000원	-	-	-	-
257,000원 미만	-	-	-	-
가격미제시	435	21.88%	4,485,643,784	9.48%
합계	1,988	100.00%	47,296,317,261	100.00%

* 자료: DART

수요예측에 따른 신청가격 분포는 30만 원 이상이 99.91%이고, 가격을 미제시한 경우는 9.48%였다. 다만 기관투자자는 증거금 없이 청약을 할 수 있기 때문에, 제도적 허점을 이용한 부풀리기 청약 이슈로 수요 조작에 대한 의문점을 갖게 되었다.

2022년 1월, 수요예측 결과 주문 수량이 약 473억 주로 집계되면서 LG에너지솔루션에 엄청난 규모가 몰렸다. 공모가 기준으로 시가총액 1위 기록을 세웠다. 공모가 30만 원을 기준으로 보면 LG에너지솔루션의 시가총액은 70조 2천억 원이었다. 크래프톤 24조 원, 삼성생명 22조 원, 카카오뱅크 19조 원의 기록을 단숨에 깨면서 새로운 기록을

증권사	배정 주식 수	청약 건수	청약 주식 수	배정 금액 (억 원)	청약 금액 (억 원)	청약증거금 (억 원)	경쟁률	배정 수량
KB증권	5,028,138	2,131,530	338,715,490	15,084	1,016,146	508,073	67.36	1.18
신한금융투자	2,514,068	908,315	162,365,660	7,542	487,097	243,548	64.58	1.38
대신증권	2,514,068	720,271	164,303,950	7,542	492,912	246,456	65.35	1.75
미래에셋증권	228,552	422,227	48,276,920	686	144,831	72,415	211.23	0.27
신영증권	228,552	72,134	15,102,440	686	45,307	22,654	66.08	1.58
하나금융투자	228,552	101,955	16,848,080	686	50,544	25,272	73.72	1.12
하이투자증권	228,552	68,038	15,098,420	686	45,295	22,648	66.06	1.68
합계	10,970,482	4,424,470	760,710,960	32,912	2,282,132	1,141,066	69.34	1

* 단위: 주, 건, %
* 자료: 네이버 블로그 '단골집'

만들어냈다.

7곳 증권사의 통합 경쟁률은 69.34:1이었다. 대표 주관사로 배정 물량이 가장 많았던 KB증권이 67.36:1의 경쟁률을 보였고, 대부분의 증권사가 63:1~73:1을 기록했다. 우리사주 청약에 배정되었던 850만 주 중에서 실권 35만 주 전량을 개인투자자 배정 물량으로 추가되었 지만, 경쟁률이 높아지면서 배정 수량은 줄어들었다.

다만 배정 물량이 적었던 미래에셋증권은 211.23:1이라는 가장 높 은 경쟁률을 기록했다. 대부분의 증권사는 추첨으로 1~2주를 배분했 지만, 미래에셋증권은 10명 중 7명이 1주도 받지 못했다. 만약 1억 원 을 투자했다면 균등배정 1주, 비례배정 4주를 받는 것이다.

KB증권을 포함한 7곳에서 모인 청약증거금은 약 114조 원으로, 2021년 SK아이이테크놀로지가 기록한 81조 원보다 30조 원 이상을 상회했다. 청약에 참여한 건수도 442만 건을 넘었다. 중복청약 금지 이후 역대 최고 기록이었다. 기존의 1위였던 카카오뱅크 186만 건에 비해 2배를 넘긴 수치다.

청약 결과를 보면 균등배정 경쟁률은 213만:1이며 1인당 1.18주, 비례배정 경쟁률은 133.39:1로 집계되었다. 개인투자자의 청약 주수가 3억 2천 주, 청약증거금 47조 3천억 원, 배정 주수 485만 주를 기록했다.

④ 의무보유확약

LG에너지솔루션의 전체 기관투자자 77.4%가량이 의무보유확약을 걸었다. 6개월 확약이 34.8%로 가장 많았고, 3개월(26%), 15일(15.4%), 1개월(1.25%) 순이었다. 나머지는 의무보유확약을 신청하지 않았다. 공모주는 15일, 1개월, 3개월, 6개월 단위로 의무보호예수를 설정하는

의무보유확약 현황

구분	신청 수량(주)	비율
6개월	16,437,297,540	약 34%
3개월	12,309,076,000	약 26%
1개월	591,141,838	약 1.25%
15일	7,263,777,417	약 15.4%
미확약	10,659,024,466	약 23%
합계	47,296,317,261	100%
총 신청 수량 대비 확약비율	77.4%	

데, 기관 수요가 몰릴수록 그 물량이 늘어나는 경향이 있다.

주요 보유분, 우리사주조합 배정분, 기관 확약분 등을 제외했을 때 상장 직후에 유통 가능한 물량은 2,072만 주로, 전체 상장 주식 수의 8.9%다. 전체 확약비율은 약 58.3%로 6개월(42.6%), 3개월(8%), 1개월(7.5%), 15일(0.2%) 순이다. 유통비율은 낮지만 공모가 기준으로 약 6조 2천 억 원의 공모주 물량이 상장 직후에 나올 수 있고, 최근 시장 흐름이 좋지 않기 때문에 주가 변동성에 영향을 주었다.

과거 SK바이오팜은 자금 확보를 위해 의무보유확약 물량 860만 주를 블록딜 방식으로 매각해 주가가 하락했다. 따라서 의무보유확약이 해제된 시점은 항상 조심해야 한다.

기업 개요

—

LG에너지솔루션은 2020년 12월 1일 기준으로 LG화학 전지사업 부문을 물적분할해 설립된 기업이다. EV, ESS, IT기기, 전동공구, LEV 등에 적용되는 전지 제품을 제조·판매하고 있다.

급증하는 전기차 수요에 따라 선도적인 기술력이 뒷받침되면서 EV용 배터리 제품 시장점유율이 23.8%를 차지한다. 배터리 제조·판매 외에도 배터리 리사이클(Recycle) 및 리유즈(Reuse) 사업, 배터리 및 차량 관련 데이터를 활용한 BaaS(Battery-as-a-Service) 사업을 추진할 계획이다. 2021년 4월, 롯데렌탈과 전기차 기반 모빌리티 및 배

사업부문	주요 제품	시장점유율		시장점유율 자료출처	비 고
		제2기 3분기 (2021년 3분기)	제1기 (2020년)		
에너지솔루션	EV용 배터리	23.8	23.5	SNE리서치	세계시장 기준

* 단위: %
* 자료: DART

터리 신규 서비스 사업 발굴을 위한 MOU를 체결했다.

LG에너지솔루션은 2차전지 관련 특허를 약 2만 2천 건 이상 보유하고 있다. 그만큼 기술 개발에 대한 경쟁력이 높다. 차세대 전지인 전고체 전지, 리튬황 전지 개발을 중심으로 R&D 역량을 강화하고, ESS 시장을 중심으로 LFP 시장 점유율도 높일 것이라는 계획을 세우고 있다.

매출은 에너지솔루션 사업부문에서 발생하고 있다. 2021년 3분기 누적 기준으로, 매출액 13조 4,125억 원, 영업이익 6,927억 원이다. 2020년에는 영업이익이 적자를 기록했으나 2021년 3분기 기준으로

에너지솔루션 사업부문	제2기 3분기(당기)	제1기(전기)
매출액	13,412,546	1,461,068
영업이익	692,737	(475,206)
자산	23,612,306	19,941,795

* 단위: 백만 원
* 자료: DART

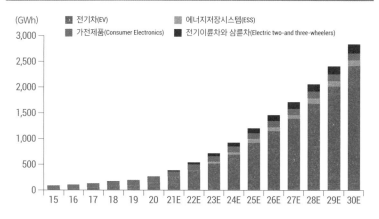

(GWh)
■ 전기차(EV)   ■ 에너지저장시스템(ESS)
■ 가전제품(Consumer Electronics)   ■ 전기이륜차와 삼륜차(Electric two-and three-wheelers)

3,000
2,500
2,000
1,500
1,000
500
0

15 16 17 18 19 20 21E 22E 23E 24E 25E 26E 27E 28E 29E 30E

* 자료: BNEF

흑자를 기록했다.

전기차 시장이 급속하게 성장하면서 EV용 배터리가 2차전지 산업을 주도하고 있다. 그리고 ESS용 배터리도 신재생에너지 발전에 따라 성장할 것으로 전망된다. 시장조사기관 BNEF에 따르면, 2차전지 시장의 대표 제품인 리튬이온전지 수요는 2020년 이후 매년 27%씩 성장할 것으로 전망하고 있다.

밸류에이션 산정

—

LG에너지솔루션 기업가치 평가는 EV/EBITDA를 적용했다. EV/EBITDA는 기업의 수익성을 반영시키는 평가 모델이다. 감가상각비

유사회사 선정 프로세스

구분	세부 검토기준	대상회사
모집단 선정	① BNEF가 신정한 2020년도 주요 2차전지 제조업체 7개사 중 상장회사 및 ② SNE리서치 발간 "Global EVs and Battery Monthly Tracker"상 2021년 연간 글로벌 전기차용 배터리 사용량 상위 10개사 중 상장회사	총 6개사 : CATL, BYD, Guoxuan, Panasonic, SK이노베이션, 삼성SDI
재무 유사성	① 분석 기준일 현재 기업가치(Enterprise Value) 100억달러 이상인 회사인 동시에 ② 최근 사업연도 기준 EBITDA 5억 달러 이상인 회사	총 4개사 : CATL, BYD, Panasonic, 삼성SDI
사업 유사성	최근 사업연도 기준 배터리 부문 매출액이 전체 매출액 비중의 50% 이상인 회사	총 2개사 : CATL, 삼성SDI
일반 기준	최근 6개월 간 분할/합병, 신규상장, 중대한 영업 양/수도, 거래정지, 감사의견 거절, 관리종목 지정 등 기업가치에 중대한 영향을 주는 사건이 발생하지 않은 회사	총 2개사 : CATL, 삼성SDI

* 자료: DART

등 회계처리 방법, 이자율, 법인세 등의 차이에 의한 가치평가 왜곡을 배제한 상대 지표다. 유형자산이나 기계장비에 대한 감가상각비와 무형자산상각비 등 비현금성 비용이 많은 기업에 활용된다.

2차전지 산업은 대규모의 설비 투자를 필요로 하는 장치산업이다. 따라서 설비 가동 초기에 감가상각비가 대규모로 발생하므로, 비현금성 비용 때문에 수익성에 괴리가 생길 수 있다. 이를 보정할 수 있는 지표가 EV/EBITDA이다.

LG에너지솔루션은 한국표준산업분류상 '축전지 제조업'으로 분류된다. 사업의 형태와 규모를 고려하면 글로벌한 OEM 대상으로 완성된 배터리를 제조·판매하는 기업으로 유사성이 있는 CATL, 삼성SDI를 선정했다.

〈EV/EBITDA 산출 계산 방법〉

- EV/EBITDA 거래배수: 기업가치(EV) / EBITDA

- 기업가치 = 기준시가총액 + 최근 분반기 말 순차입금

- 기준 시가총액: 기준일로부터 1개월간 시가총액의 평균, 1주일간 시가총액의 평균, 기준일 시가총액 중 최소값

- 순차입금: 이자지급성 부채(사채, 차입금, 금융리스부채 등) – 현금 및 현금성자산(현금, 단기금융상품 등)

유사기업 EV/EBITDA 멀티플 산정내역

구분	산식	CATL	삼성SDI
단위	–	백만 원	
기준시가총액	(A)	282,932,883	47,309,997
우선주 시가총액	(B)	–	535,524
이자지급성부채	(C)	16,931,684	4,192,966
현금및현금성자산	(D)	15,408,969	1,927,782
순차입금	(E) = (C) – (D)	1,522,715	2,265,184
비지배지분	(F)	1,398,719	441,926
기업가치(EV)	(G) = (A) + (B) + (E) + (F)	285,854,317	50,552,631
영업이익	(H)	2,557,781	1,069,148
유무형자산상각비	(I)	985,040	1,225,184
EBITDA	(J) = (H) + (I)	3,542,821	2,294,332
EV/EBITDA	(K) = (G) / (J)	80.7	22.0
적용 EV/EBITDA 거래배수		51.4	

* 자료: DART

CATL과 삼성SDI 멀티플 산출한 결과, 평균 EV/EBITDA 51.4배가 적용됐다.

구분	산식	단위	내용
적용 EBITDA	(A)	백만 원	2,317,495
EV/EBITDA 거래배수	(B)	배	51.4
기업가치(EV)	(C) = (A) * (B)	백만 원	119,025,631
이자지급성부채	(D)	백만 원	7,107,263
현금및현금성자산	(E)	백만 원	1,531,311
순차입금	(F) = (D) − (E)	백만 원	5,575,952
비지배지분	(G)	백만 원	1,243,387
평가 시가총액	(H) = (C) − (F) − (G)	백만 원	112,206,292

* 자료: DART

유사회사 EV/EBITDA 51.4배를 적용한 결과, LG에너지솔루션의 적정 시가총액은 112조 원으로 나왔다. SK이노베이션에서 받은 라이선스 대가인 9,922억 원과 일회성 비용인 ESS 리콜 충당금 4,269억 원,

적용 EBITDA 산출 방법

구분	적용 EBITDA	조정 EBITDA
2021년 3분기 영업이익(A)	692,737	692,737
2021년 3분기 유무형자산상각비(B)	1,045,384	1,045,384
2021년 3분기 EBITDA (C) = (A) + (B)	1,738,121	1,738,121
일회성 이익 (D)	992,233	992,233
일회성 비용 (E)	1,141,600	1,141,600
EBITDA (F)	2,317,495	2,516,651
산식	(F)= (C)*4/3	(F) = [(C) − (D) + (E)] *4/3
적용 EBITDA 산출 방법	2021년 3분기 EBITDA를 단순 연환산(*4/3)	2021년 3분기 EBITDA에서 일회성 이익을 차감(−) 및 일회성 비용을 합산(+)한 후 연환산(*4/3)

* 단위: 백만 원
* 자료: DART

GM 볼트EV 리콜 충당금 7,147억 원을 반영하면 3분기까지의 누적 영업이익은 약 6,930억 원이다.

3분기 EBITDA의 경우 1조 7,381억 원에서 일회성 이익과 비용을 반영하면, 조정된 EBITDA는 2조 5,165억 원이다. 만약 조정된 기준으로 시가총액을 계산하면, 조정 후 시가총액은 약 122조 원이다.

평가 시가총액 약 112조 원을 공모 전 발행주식 수와 공모주식 수를 합한 총 2억 3,400만 주로 나누면 주당 평가가액은 47만 9,514원이다. 주당 평가가액을 46.4~37.4% 할인율을 적용한 결과, 희망 공모가액 밴드가는 25만 7천~30만 원으로 설정되었으며 기관 수요예측을 통한 확정 공모가는 30만 원이다.

주당 평가가액 및 확정 공모가

구분	산식	단위	내용
평가 시가총액	(A)	백만 원	112,206,292
공모 전 발행주식수	(B)	주	200,000,000
공모주식수	(C) = (D) + (E)	주	42,500,000
신주모집주식수	(D)	주	34,000,000
구주매출주식수	(E)	주	8,500,000
공모 후 발행주식수	(F) = (B) + (D)	주	234,000,000
주당 평가가액	(G) = (A) / (F)	원	479,514

구분	내용
주당 평가가액	479,514원
평가액 대비 할인율	46.4% ~ 37.4%
희망 공모가액 밴드	257,000원 ~ 300,000원
확정 공모가액	300,000원

* 자료: DART

결론

—

LG에너지솔루션은 2022년 1월 27일 코스피시장에 상장했다. 필자가 10여 년간 공모시장을 보면서 가장 뜨거웠던 종목이 바로 LG에너지솔루션이었다. LG화학에서 물적분할한 후 주주들에게 뭇매를 맞았음에도 불구하고 IPO 시장의 새 역사를 썼다.

LG에너지솔루션의 시초가는 공모가인 30만 원보다 99% 높은 수치로 59만 7천 원을 기록했다. 그러나 주가가 급락하면서 50만 5천 원으로 마감했다. 둘째 날에도 주가가 하락하며 45만 원에 장을 마쳤다.

LG에너지솔루션은 2020년 12월에 LG화학에서 물적분할한 2차전지 생산 업체다. 휴대폰 및 노트북용 원통형 전지를 시작으로, 전기차용 2차전지 생산으로까지 그 영역을 확대하고 있다. 한국을 시작으로 2005년 중국 남경, 2012년 미국 미시건, 2017년 폴란드에 공장을 준공해 한국, 미국, 중국, 유럽 4개 지역에 생산체제를 구축하고 있다.

전기차용 전지의 비중은 83%로 추정되며, 나머지는 원통형 전지 등이 차지하고 있다. 안정적인 원재료 조달을 위해 합작법인을 설립하고, 파트너십을 통해 중장기 계약을 체결했다.

도레이사와 합작해 분리막 사업에 진출할 계획이며, 동사 Z-스태킹(Z-Stacking) 사업부를 신설해 공정 리스크를 줄이고 있다. 2023년부터 LFP배터리를 ESS에 적용하기로 결정했고, 공격적인 증설을 통해 폼팩터 다양화를 도모하고 있다.

3월 11일 이후, 코스피200지수에 편입되며 공매도가 가능한 상황이다. 현재는 공매도 수급에 대한 부담이 있다. 유동 시가총액이 작을수록 상장일에 주가 수익률이 높았던 사례를 보면 상장 당일 주가가 오르는 경우가 있었으나 LG에너지솔루션은 시가총액이 크기 때문에 부담으로 작용했다. 2월 7일부터는 주요 지수에 편입되며 패시브 자금이 유입되었다. 그러나 액티브 자금이 동시에 매도가 나타나며 주가에 안 좋은 영향을 미쳤다. LG에너지솔루션의 2022년 1월 말 주가는 공모가보다 높았지만, 시장 흐름이 좋지 않아 주가는 부진했다. 2022년 4월 주가는 40만 원 선에서 움직임을 보이고 있다. 최근 급격히 상승하는 원재료 가격 때문에 주가 상승에 부침이 나타나고 있다.

LG에너지솔루션은 공격적인 증설로 진입장벽을 구축한 선도 기업 중 하나다. 앞으로 LG에너지솔루션의 어떤 이야기가 펼쳐질까? 잠재적 위험요인인 추가 리콜에 대한 가능성, 제한적인 유통 물량으로 인한 변동성 확대는 기업이 당면한 위험이다.

다만 완성차 업체의 배터리 시장에 민첩하게 대응하면서 다각화된 포트폴리오를 바탕으로 시장을 이끌 것이다. 글로벌 EV업체의 신공장 가동이 나타나면서 점차적으로 매출과 이익이 개선될 것으로 기대된다. CATL과 함께 글로벌 전기차 배터리 시장에 톱 티어(Top-tier)로서 시장을 이끌 것으로 전망한다.

PART 05 ▸ ▸ ▸

5부는 공모주 투자와는 다소 연관성이 낮을 수 있다. 다만 기업이 어떻게 상장하는지를 이해하고, 기업의 외형 규모와 질적인 요건을 알아야 공모주 투자 시 많은 도움이 된다. 5부에서는 IPO 기업의 주요 체크포인트 위주로 내용을 구성했다. 투자자뿐만 아니라 상장을 준비하는 기업과 실무자에게 많은 도움이 될 것이다.

IPO 기업
주요 체크포인트

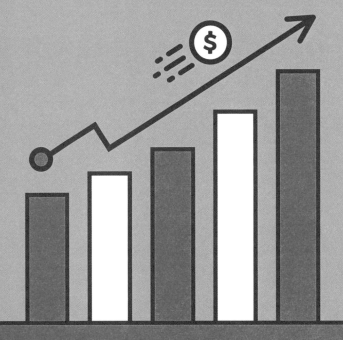

유가증권(코스피)·코스닥·코넥스 상장 요건

유가증권(코스피) 시장 상장 요건

—

● **규모 요건**

유가증권(코스피) 시장의 규모 요건은 자기자본, 상장 예정 주식총수 및 매출액으로 구성된다. 상장기업으로서 갖추어야 할 최소한의 규모를 정하는데, 국내법인과 외국법인을 통틀어 자기자본은 300억 원 이상의 규모를 갖추어야 한다. 상장 예정 주식총수는 100만 주 이상, 매출액은 최근 연도 1천억 원 이상, 3년 평균 700억 원 이상이어야 한다.

● 경영성과 요건

경영성과 요건은 매출액·이익, 매출액·기준시가총액, 이익액·기준
시가총액, 자기자본·기준시가총액 요건으로 구성된다. 경영성과 요건
은 산업의 특성 및 주권발행 법인의 규모에 따라 다양하므로 상장을
희망하는 법인은 해당 법인의 특성에 맞는 요건을 선택할 수 있다.

ROE 및 이익액의 산출은 각 사업연도 영업이익, 법인세차감전 계

유가증권(코스피) 시장 경영성과 요건

상장 요건		일반회사	지주회사
경영성과 요건 (택1)	매출액 및 이익 등	• 최근 매출액 1,000억 원 이상 및 3년 평균 700억 원 이상& • 최근 사업연도에 영업이익, 법인세차감전 계속사업이익 및 당기순이익 각각 실현& • 다음 중 하나를 충족하면 됨 ❶ ROE: 최근 5% & 3년 합계 10% 이상 ❷ 이익액: 최근 30억 원 & 3년 합계 60억 원 이상 ❸ 자기자본 1,000억 원 이상 법인 - 최근 ROE 3% 또는 이익액 50억 원 이상이고, - 영업현금흐름이 양(+)일 것	좌동 (지주회사 매출액+자회사 매출액×지분율)(연결재무제표 기준)
	매출액 및 기준 시가총액	• 최근 매출액 1,000억 원 이상 & • 기준 시가총액 2,000억 원 이상 *기준 시가총액=공모가격×상장예정 주식 수(시장이전기업 또는 2차상장 외국기업의 경우 증권시장 시세)	좌동 (지주회사 매출액+자회사 매출액×지분율)
	이익액 및 기준 시가총액	• 최근 이익액 50억 원 이상 & • 기준 시가총액 2,000억 원 이상 *기준 시가총액=공모가격×상장예정 주식 수(시장이전기업 또는 2차상장 외국기업의 경우 증권시장 시세)	좌동
	자기자본 및 기준 시가총액	• 최근 자기자본 2,000억 원 이상 & • 기준 시가총액 6,000억 원 이상 *기준 시가총액=공모가격×상장예정 주식 수(시장이전기업 또는 2차상장 외국기업의 경우 증권시장 시세)	좌동

* 자료: 한국거래소

속사업이익, 당기순이익 중에서 가장 적은 금액과 자본총계 중 하나를 충족하면 된다. 지주회사의 경우에는 연결재무제표 기준으로 당기순이익 및 자본총계(외부주주 지분은 제외)를 기준으로 산출한다.

유가증권(코스피) 시장 상장 규모와 경영성과 요건, 분산 요건, 상장예비심사 안정성 및 건전성 요건 등 상장 관련 내용은 한국거래소 홈페이지에서 확인할 수 있다.

코스닥시장 상장 요건

● 규모 요건

코스닥시장에서는 일반·벤처 기업의 경우 별도의 규모 요건을 두고 있지 않다. 기술성장기업만 자기자본 10억 원 이상 또는 시가총액 90억 원 이상일 것을 요구한다.

코스닥시장 트랙별 규모 요건

요건	이익실현기업			이익미실현 기업	기술성장기업		
	일반기업	벤처기업	대형법인	테슬라 요건	기술기반	사업모델기반	성장성특례
대상 기업	모든 기업	중소기업 *벤처기업 or 이노비즈 인증기업	자기자본 1,000억 원 or 기준 시가총액 2,000억 원 이상 기업	모든 기업	기술력 및 시장성 인정 기업	사업성 및 인프라 인정 기업	상장주선인이 성장성을 평가하여 추천한 기업
규모		–				자기자본 10억 원 또는 기준 시가총액 90억 원 이상	

● 경영성과 요건

코스닥시장 상장에 따른 경영성과 요건은 이익실현기업과 이익미
실현기업(테슬라 요건)으로 구분되고, 어느 하나라도 해당되면 가능하
다. 코스닥시장 상장 규모와 경영성과 요건, 분산 요건, 상장예비심사
안정성 및 건전성 요건 등 상장 관련 내용은 한국거래소 홈페이지에
서 확인할 수 있다.

코스닥시장 경영성과 요건

구분	일반기업(벤처 포함)		기술성장기업	
	수익성·매출액 기준	시장평가·성장성 기준	기술평가 특례	성장성 추천
경영성과 및 시장평가 등 (택1)	• 법인세차감전 계속사업이익 20억 원(벤처 10억 원) & 시총 90억 원 • 법인세차감전 계속사업이익 20억 원(벤처 10억 원) & 자기자본 30억 원(벤처 15억 원) • 법인세차감전 계속사업이익 있을 것 & 시총 200억 원 & 매출액 100억 원(벤처 50억 원) • 법인세차감전 계속사업이익 50억 원	• 시총 500억 원 & 매출 30억 원 & 최근 2사업 연도 평균 매출증가율 20% 이상 • 시총 300억 원 & 매출액 100억 원 이상(벤처 50억 원) • 시총 500억 원 & PBR 200% • 시총 1,000억 원 • 자기자본 250억 원	• 자기자본 10억 원 • 시가총액 90억 원 전문평가기관의 기술 등에 대한 평가를 받고 평가결과가 A등급 이상일 것	상장주선인이 성장성을 평가하여 추천한 중소기업일 것

* 자료: 한국거래소

스팩과 코넥스시장 상장 요건

─

스팩(SPAC)상장은 피합병법인에 대한 상장심사 요건이 신규상장
과 유사하다. 그러나 분산 요건과 기준 시가총액 요건은 미적용된다.

스팩상장 관련 내용은 한국거래소 홈페이지에서 확인할 수 있다.

2022년부터 자본시장을 통한 혁신·중소기업 성장 지원을 위해 코넥스시장 활성화 방안을 마련했다. 주요 골자는 코넥스시장이 중소기업과 자본시장을 연결하는 주요 플랫폼으로서 본연의 기능을 할 수 있도록 지원하는 것이다.

3가지 주요 쟁점으로는 첫째, 코넥스→코스닥 이전상장 제도를 개편해 신규상장 확대를 유도하고, 둘째, 기본예탁금·소액투자 전용 계좌 규제를 폐지해 투자 접근성을 제고하며, 셋째, 최대 1천억 원 규모의 '코넥스 스케일업 펀드'를 조성해서 유동성을 공급하는 것이다. 2022년 1월 10일 한국거래소 보도자료를 통해 자세한 사항을 볼 수 있으니 참고하길 바란다.

코넥스시장은 실적이 가시화되지 않은 성장 초기의 중소벤처기업이 코넥스시장에 원활하게 상장할 수 있도록 매출액, 순이익 등의 재무 요건을 적용하지 않는다. 그 밖의 초기 중소벤처기업의 실정에 부합하지 않는 요건은 폐지하거나 완화하고, 증권의 자유로운 유통과 재무정보의 신뢰성 확보를 위한 최소한의 요건만 적용하고 있다.

유가증권(코스피)·코스닥 질적 요건

—

유가증권(코스피)과 코스닥 질적 요건 심사는 공통적이다. 질적 심사 기준은 기업경영의 계속성, 기업경영의 투명성, 투자자 보호 사항

* 자료: NH투자증권

으로 구성된다. 최근 오스템임플란트의 직원 횡령 사건으로 인해 질적 요건을 더 철저하게 검토할 것으로 보인다. 질적 요건은 'Pass or Fail'이 아니라, 질적 요소를 종합적으로 판단한다.

기업경영의 계속성은 영업, 재무 상황, 기술력 및 성장성, 기타 경영환경 등에 비추어 인정되어야 한다. 주요 심사항목으로는 영업의 계속성, 재무 안정성, 기타 영업환경, 기술 수준 및 경쟁력, 안정적인 수익창출 능력이다.

기업경영의 투명성은 기업의 지배구조, 내부통제시스템, 공시체계 및 이해관계자와(특수 관계인)의 거래, 주식거래 등에 비추어 경영의 투명성과 경영 안정성을 갖추어야 한다. 주요 심사항목으로는 최대주주의 경영 안정성, 이사회 등 기업 지배구조, 내부통제시스템, 회계 처리 투명성 등이다.

기타 투자자 보호는 자본시장의 건전한 발전을 저해하지 않아야 한다. 주요 심사항목으로는 공시 투명성, 소액주주 보호, 기타 사항 등이 있다.

기업 실사를 통해 주요 심사항목에 해당하는 부분에 대해서 주관사는 피드백과 해결책을 제시한다. 특히 주요 내부통제 이슈 등 일정 기간의 감시기간이 필요한 이슈에 대해서는 지속적인 컨설팅을 제공한다.

IPO를 준비하는 단계로 상장 적격성에 맞춘 로드맵을 작성하기 위해 주관회사의 기업 실사 등을 통해 사안별로 세부적인 검토가 필요하다. 그리고 이슈별로 대응방안을 마련해야 한다.

경영의 투명성, 투자자 보호 요건은 구축의 시간만 주어진다면 해결할 수 있다. 다만 기업의 계속성, 경영의 계속성, 경영의 안정성 요건은 사전 준비가 필요하다.

특례 상장 기준 내용

특례 상장 유형

코스닥 특례 상장 유형에는 이익미실현, 기술기반, 사업모델, 성장성 특례 등 4개 방안이 있다. 기업은 관리종목 선정 기준 등을 고려해 해당 기업에 맞는 상장 트랙을 선정해야 한다.

⟨관리종목 선정 기준⟩

- 매출액 요건: 최근 매출액 30억 원 미만, 최근 3년간 매출액 90억 원 이상이면 관리종목 지정 면제
- 대규모 법인세차감전 계속사업 손실: 최근 3년 중 2년 법인세차감전

계속사업 손실이 자기자본의 50% 이상

- 영업손실 요건: 최근 4년 연속 영업 손실

특례 상장 요약

구분		일반 상장	특례 상장				
			대형법인	이익미실현 기업	기술기반 기업	사업모델 기업	성장성 추천기업
자격요건		모든 기업			중소기업·스케일업기업		
기업 규모 (택1)	자기자본	-	1,000억 원	-	10억 원		
	시가총액	-	2,000억 원	-	90억 원		
경영성과 및 이익규모 (택1)		**일반·벤처·대형법인 적용** • 세전이익 50억 원 • 세전이익 20억 원(벤처 10억 원) & 시가총액 90억 원 • 세전이익 20억 원(벤처 10억 원) & 자기자본 30억 원 (벤처 15억 원) • 세전이익 & 시가총액 200억 원 & 매출액 100억 원 (벤처 50억 원) **이익미실현기업 적용** • 시가총액 500억 원 & 매출액 30억 원 & 최근 2사업 연도 평균 매출증가율 20% • 시가총액 500억 원 & 공모 후 자기자본대비 시총 비율 200% • 자기자본 250억 원 • 시가총액 300억 원 & 매출액 100억 원(벤처 50억 원)			-		
평가서 등		-	-	-	전문평가기관의 기술· 사업성 평가서 & 상장 주선인의 시장성 의견서		상장주선 인의 성장 성 보고서
환매청구권		-	-	부여(3개월)	-	-	부여(6개월)
관리 종목 선정 기준	매출액 요건	-	-	적용 5년 유예			
	대규모 세전손실 요건	-	-	적용 5년 유예	적용 3년 유예		
	영업손실 요건	-	-	적용	미적용		

기술성장기업은 중소기업에만 해당한다. 4차산업 기술을 기반으로 하는 기술특례 상장 기업이 점차 늘어나면서 기술특례 상장에 대한 관심이 커지고 있다.

코스닥시장 상장은 트랙별로 상이한 질적 심사기준이 존재한다. 다음은 트랙별 심사기준 내용이다. 일반기업은 대다수가 비(非) 바이오 기업이며, 전문평가 기술기반기업은 대다수가 바이오 기업이다.

최근에는 전문평가 기술이 강화되면서 기술특례 상장이 어려워지고 있다. 한국거래소에서는 코스닥 기술평가 개선 내용의 양이 더 많아지며 바이오뿐만 아니라 바이오가 아닌 분야도 기술성과 시장성을 입증받아야 된다. 기술특례 상장은 한국거래소가 지정한 전문평가기관 두 곳에서 기술성 평가를 받아야 한다.

전문평가 사업모델특례 상장은 독창적인 사업모델과 혁신적인 아이디어를 갖춘 기업의 자본시장 진입을 지원하는 제도다. 사업모델의 타당성, 경쟁력, 개발 역량 수준 등 다양한 평가 기준을 통해 해당 기업의 상장 적격성을 심사한다. 사업모델특례 상장을 위해서는 한국거래소가 지정한 전문평가기관 두 곳에서 A등급과 BBB등급 이상을 받아야 한다.

기술기반기업은 기술력이 뛰어난 유망 기술기업으로, 기존의 기술평가특례 대상과 유사하다. 사업모델기업은 지식(혁신적인 아이디어 포함) 기반의 경쟁력 있는 사업모델을 보유한 성장 가능성이 높은 기업이다.

최근에는 중소기업에서 스케일업기업, 외국기업 등으로 적용 대상

상장 트랙별 심사기준

구분		일반기업	전문평가 기술기반기업	전문평가 사업모델기업	성장성특례	이익미실현기업 (테슬라)
대상 기업		경영성과 또는 시장평가가 일정 수준 이상	전문평가기관의 기술성에 대한 평가가 A등급 이상	전문평가기관의 사업성에 대한 평가가 A등급 이상	상장주선인이 기술(사업모델)에 대한 성장성 평가 후 추천	일정 수준 이상 시장평가와 영업기반을 갖춘 기업
사례		대다수 비 바이오 기업	대다수 바이오 기업	캐리소프트, 플리토	셀리버리, 라닉스, 올리패스	카페24, 제테마
질적 심사 기준	공통	• (영업 및 산업) 일반 영업현황, 산업의 성장성 및 규제환경 • (성장성 일반) 기업의 성장전략, 공모자금 사용계획 및 유입효과 • (경영 안정성 및 투자자 보호 등) 투자자 보호(소송, 분쟁, 우발채무 등), 경영 안정성, 경영진의 내부 역량, 기타 경영환경 등				-
	영업 상황	• 기존 시장 진입·확장 가능성 및 신규시장 창출 가능성 • 매출처와의 거래 지속 가능성 또는 신규 매출처 확보 가능성				• 적자 규모, 추이, 타당성 여부 및 흑자 전환 가능성 • 매출채권 및 재고자산 규모와 관리체계의 적정성
	재무 상황	• 매출의 지속적 발생 및 유지 가능성 • 지속적인 수익 창출 가능성 • 비용의 우위성 및 매출의 우량도	• 재무상황에 대한 심사기준 없음			• 동종 업계 및 경쟁 기업과 비교한 재무 안정성 수준 • 현금흐름 감소 규모, 향후 성장 등을 감안한 유동성 확보 여부
	기술성· 사업성	• 기술의 경쟁우위 및 시장점유율 • 시장지배력 및 경쟁력 확보 여부	• 기술개발단계, 자립도, 모방의 난이도 등 기술의 완성도 • 기술의 차별성, 상용화 경쟁력, 연구개발 투자규모, 지적재산권 보유현황 • 사업모델의 사업화 정도, 매출실현 가능성 등 완성도 • 사업모델에 필수적인 인적·물적 자원 확보 여부 등			• 기술성 및 사업성에 대한 심사기준 없음
	성장성	• 산업의 경쟁상황 및 대체산업의 유무 등 지속 성장 여부 • 산업의 성장주기 등 성장가능성	• 상장 후 일정 기간 이내 매출, 영업이익 등 수익실현 가능 여부			• 경쟁업체 대비 차별화된 사업모델 보유 여부 및 경쟁력 • 외부투자자의 해당 기업 성장성 평가 현황 및 근거
주요 포인트		• 이익실현하는 기업의 일반적인 상장유형 • 기실현된 이익을 기준으로 밸류에이션 진행	• 심사 시 기술성 부각 가능 • 높은 평가등급을 취득해 탁월한 기술성을 증빙하는 경우 공격적인 밸류에이션 가능	• 플리토, 캐리소프트 등 최초 진행 중 • 기술성보다는 사업성에 강점이 있는 기업 대상 • 독창적 사업모델, 혁신적 아이디어 등 창의/혁신기업	• 기술기반 요건에 준하는 심사	• 현재까지 상장사례 1개 사(카페24) 존재 • 풋백옵션 존재로 보수적 기업가치 평가 유인 존재

* 자료: 미래에셋증권

특례 요건 다양화	• 기술력보다는 확고한 사업모델을 구축해서 시장 내 퍼스트 무버(first mover)로서 포지셔닝한 기업의 상장 활성화를 위해 새로운 평가모델 추가(2017년 1월) • 기술기반기업은 일반적으로 신약개발 또는 제조업 기반의 기업인 반면에, 사업모델기업은 독창적인 사업모델을 통해 선점효과를 누리고 있거나 향후 확장 가능성이 높은 서비스 기업에서 검토 중 - 사업모델 1, 2호 기업은 인공지능 기반 번역플랫폼 사업을 영위하는 플리토, 캐릭터 IP를 통한 확장성을 장점으로 하는 캐리소프트이다.

상장 진입
요건 완화
	• 상장 요건
	  - 적용 대상: 기존에는 중소기업만 적용되었으나 스케일업기업(최근 2개 사업연도 매출액 성장률 평균 20% 이상) 및 외국기업도 적용 가능하도록 개정됨(2019년 6월)
	  - 외형 요건: 경영성과 및 시장평가 요건(세전이익 실현 등)을 충족하지 못하더라도 사업모델에 대한 성장 가능성만으로 상장 가능
	  - 질적 요건: 기업 계속성 심사를 성장성 심사로 전환. 중장기적인 성장기반 확보 여부를 중점적으로 심사하며, 현재 재무상황에 대한 심사기준 부재
	• 퇴출 요건
	  - 관리종목 지정 및 상장폐지 중 매출액 요건 상장 후 5년간 적용 유예, 대규모 세전 손실 요건 3년간 적용 유예, 영업손실 요건 미적용

풋백옵션	• 사업모델특례 및 기술기반특례의 경우 외부 전문평가기관으로부터 사업모델 및 기술성에 대한 평가를 받기 때문에 풋백옵션 미부여

* 자료: 미래에셋증권

을 확대하며 해당 요건 활용을 권장하고 있다. 그리고 시장 참여자의 관심도 높아지고 있다. 2019년 7월 사업모델기업 1호인 플리토 이후 캐리소프트, 엔비티, 와이더플래닛, 라이프시맨틱스 등 5개 기업이 상장을 완료했다. 사업모델특례 상장 기준은 위 도표와 같다.

　기술기반기업은 바이오 테크(Tech) 및 기술적인 진입장벽을 보유한 제조기반 기업에 적합하다. 사업모델기업은 시장에 없던 새로운 서비스를 제공하거나 시장선점 효과 등을 통해 진입장벽을 공고히 하는 서비스업 기업에 적합하다.

　기술기반기업과 사업모델기업을 비교하면 다음과 같다.

기술기반특례 vs. 사업모델특례

구분	기술기반	사업모델
개요	• 핵심 기술을 보유하고 있어서 성장 가능성이 높은 기업 • 기술성을 중심으로 전문평가를 받고자 하는 기업	• 지식기반의 독창적인 사업모델을 보유하고 있어서 성장 가능성이 높은 기업 • 사업성을 중심으로 전문평가를 받고자 하는 기업
평가기술 및 사업모델 특징	• 모방 난이도가 높은 기술 • 차별화 요소가 뚜렷한 기술 • 권리보호 강도가 높은 기술	• 수요 만족도가 높은 사업모델 • 차별성과 파급효과가 우수한 사업모델 • 시장선점 효과가 강한 사업모델

주요
평가업종
	• 바이오 및 제조업 기업 위주
	  - 바이오: 신약개발, 바이오시밀러 등
	  - 기타: 항공기 부품, 원자현미경, 전자부품 등
		• 서비스 기업 위주
		  - 인프라: 전기차 충전, 카셰어링 등
		  - 유통·물류: 소셜커머스, 인터넷 플랫폼 등
		  - 레저·여행: 숙박, 여행, 복지운영 등

평가항목	• 기술성: 기술의 완성도, 기술의 경쟁우위도, 기술인력의 수준, 기술제품의 상용화 경쟁력 등 • 시장성: 기술제품의 시장규모 및 성장 잠재력, 기술제품의 경쟁력 등	• 사업성: 시장매력도, 사업모델의 다양성, 사업모델의 경쟁우위도, 사업경쟁력 등 • 자원인프라: 경영역량, 개발역량 등 • 평가기관별로 항목별 평가요소, 주요 고려사항, 평가기준 등이 상이함
평가절차	• 기술성평가 신청 → 평가기관 지정 및 기술사업계획서 제출 → 기술성평가 진행 → 평가결과 수행 및 거래소 제출 → 예비심사 청구	

* 자료: 미래에셋증권

성장성특례 vs. 이익미실현특례

—

성장성특례 상장은 실적이 좋지 않더라도 성장 잠재력이 큰 기업을 위해 상장 문턱을 낮춰주는 제도다. 자기자본 10억 원 이상, 자본잠식률 10% 미만 조건을 충족한 기업이라면, 증권사가 상장주선인으로서 후보 기업의 성장성이 충분하다고 판단할 경우 상장심사 청구를 할 수 있다. 지금까지는 후보물질이 상용화되었을 경우 폭발적인 성장이 가능한 바이오 기업이 주로 이용했다.

성장성특례 상장은 기술특례 상장과 비슷하지만 기술성 평가를 받을 의무가 없다. 다만 투자자를 보호하기 위해 상장 후 6개월간 환매청구권(풋백옵션)이 부여된다. 풋백옵션은 상장 이후 기업 주가가 공모가의 90%를 밑돌 때, 공모가의 90% 가격으로 주관사가 되사주는 제도다.

이익미실현기업(테슬라) 상장은 2017년에 도입되었다. 세계 각지의 벤처·스타트업의 자금을 조달하기 위한 주식시장이 나스닥이다. 그런데 나스닥에서 2010년 6월에 큰 사건이 있었다. 미국의 전기차 기업인 테슬라가 적자에도 불구하고 나스닥 시장 상장에 성공한 것이다. 테슬라는 IPO에 성공하면서 대규모의 공모자금을 기반으로 세계적인 기업으로 성장할 수 있었다.

2020년부터 영업이익이 나면서 테슬라의 주가는 천문학적으로 뛰고 있다. 테슬라의 시가총액은 2021년 말 기준으로 미국 증시에 상장된 자동차 업체의 시가총액을 합친 것보다 크다. 적자기업이던 테슬라의 상장은 국내 주식시장에도 큰 영향을 미쳤다.

이익미실현기업특례 대상 기업은 코스닥 상장규정 제6조 제1항 제6호에 따라 일정 수준의 시장평가 또는 성장성을 충족하는 경우, 이익미실현 요건 기반 상장예비심사 청구 자격이 부여된다. 거래소는 성장 가능성이 높은 회사를 유치하고자 관련 규정을 개선하는 등 이익미실현 요건 활용을 적극적으로 권장했다. 이익미실현 요건 기업 적용, 퇴출, 풋백옵션 요건 등이 완화되는 추세다. 이익미실현기업은 3개월간 풋백옵션이 부여된다.

적자 상태인 기업은 코스닥시장 일반상장이 불가능하다. 그리고 사업화 성공 시점에서 필요한 자금을 원활하게 조달하기가 어렵다. 그렇기 때문에 기술·사업모델·성장성특례 기업제도를 활용하면 개발 단계에서 IPO 진행이 가능하다.

다만 개발 기간이 상대적으로 짧은 비 바이오 기업의 경우, 상용화 단계에서 심사를 받아야 높은 승인율을 기대할 수 있다. 이익미실현

이익미실현 요건 내용

특례 요건 완화	• 일정 수준 이상 시장평가와 영업기반을 갖춘 기업은 현재 적자 여부와 관계없이 상장이 가능함(2017년 1월) • 성장성 높은 기업을 감안해 단독 상장 요건(이익, 시가총액, 자기자본) 및 이익미실현 요건 확대(2018년 4월) • 기술특례 상장 대상기업이 '현실적으로' 신약개발 기업이 대다수인 가운데, 이익미실현 요건은 비교적 다양한 업종에서 검토 중 - 이익미실현 요건 1호 기업은 인터넷 플랫폼 사업을 영위하는 카페24이고, 2021년 기준으로 7개 기업이 상장

상장 진입 요건 완화	• 상장 요건
	  - 외형 요건: 이익을 미실현하는 상태에서 시가총액 또는 매출성장률만을 바탕으로 상장 가능
	  - 질적 요건: 기업계속성 심사를 성장성 심사로 전환, 중장기적 성장기반 확보 여부를 중점적으로 심사
	• 퇴출 요건
	  - 관리종목 지정 및 상장폐지 요건 중 매출액, 계속사업 손실 요건 상장 후 5년간 적용 유예(기술특례 상장은 계속사업 손실 3년 유예)

풋백옵션	• 기존 이익미실현 요건 기반 상장기업은 상장 후 3개월간 주가가 공모가의 90% 이하로 내려가면 주관사가 일반투자자로부터 공모가의 90%로 되사는 풋백옵션 의무 부여(2017년 1월) - 공모가 하락에 대한 부담으로 밸류에이션시 보수적인 입장을 견지할 수밖에 없음. 이로 인해 주관사는 적정 기업가치보다 낮게 평가할 유인 존재 • 거래소는 이익미실현 요건의 활성화를 위해 최근 3년 내 이익미실현 요건을 통해 주관한 경험이 있고, 풋백옵션이 행사되지 않은 주관사에 한해 향후 이익미실현 요건 기반 상장 시 풋백옵션을 면제하는 내용의 활성화 정책을 발표(2018년 4월)

* 자료: 미래에셋증권

기업의 경우에는 향후 2~3년 이내에 흑자 전환이 가능한 기업을 타 깃으로 삼는 것이 바람직하다.

사업단계 구분에 따른 상장 요건

—

사업단계 구분에 따라 기업에 적합한 상장 트랙을 결정해야 한다. 기술력은 갖추었으나 상대적으로 사업모델이 구체화되지 않은 기업 은 기술기반특례, 성장성특례, 사업모델특례를 정하는 것이 좋다. 기 술력을 바탕으로 사업화가 이루어진 기업이고, 향후 2~3년 내에 이익 이 생길 것이라면 이익미실현특례 상장을 적용하는 것이 좋다.

반면에 일반적인 정상기업으로 매출과 이익이 안정되고 벤처기업

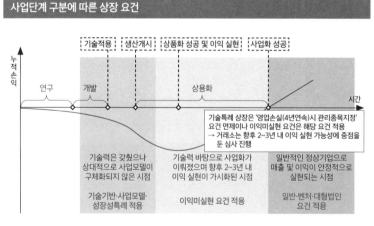

사업단계 구분에 따른 상장 요건

* 자료: 미래에셋증권

또는 이노비즈기업이라면 일반·벤처 요건 상장전략으로 방향을 설정하는 것이 좋다.

기술특례 상장 기업의 경우에는 2021년 기술평가특례 평가기준 개선안이 발표되었기 때문에 관련 내용을 점검해야 한다. 전문평가제도 운용지침 개정에 따라 기술평가 대분류 항목을 조정하고, 평가내용 세분화를 통해 주요 평가사항을 명확하게 했다.

구분	2019년	2021년 이후
평가항목 재분류 (대분류 항목 조정)	기술성 4개, 사업성 2개	기술성 3개, 사업성 3개
평가사항 세분화 (총 평가항목 수 증가)	26개	35개

또한 바이오 기업의 경우 주요 평가사항별 핵심 내용을 제시했다. 핵심 내용을 구체적으로 설명해 평가품질을 제고하는 방안으로 변화했다. 다음은 바이오 기업의 기술 신뢰성과 관련한 내용이다.

평가항목 중 '기술의 신뢰성' 핵심 내용(예상)

- 핵심기술의 원천 확인(자체 개발, 라이선스 인 및 취득 경과)
- 기술관련 외부 인증(정부과제, 수상실적) 등 외부로부터 평가
- 공동개발 또는 공동임상 여부
- 핵심기술 라이선스 아웃 실적 및 그 중요도

기술평가는 평가기관이 IPO 관점에 적합한 평가를 수행할 수 있도록 평가 시에 빈번하게 발생하는 쟁점을 정리한 것이다. 따라서 이에 맞추어 평가를 진행하는 것이 좋다.

IPO 프로세스

일반상장 프로세스 및 내용

—

상장예비심사 청구부터 상장일까지 약 4~5개월이 소요된다. 대표 주관회사 선정 및 상장 준비 단계에서는 IPO 업무 처리를 담당할 주관회사를 선정하며, 기업 실사를 통한 사전 준비사항 점검 및 준비를 실시한다.

이후 상장청구계획서를 제출하며 청구서 작성을 진행한다. 상장예비심사 청구 전에는 주관회사 기관실사 후 상장심사 이슈를 해소해야 한다. 기술성장기업 트랙을 활용 시에는 청구 전에 기술성 평가를 완료하는 것이 선결 조건이다.

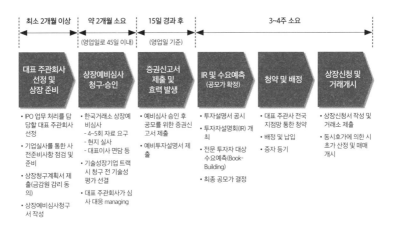

최소 2개월 이상	약 2개월 소요	15일 경과 후	3~4주 소요
	(영업일로 45일 이내)	(영업일 기준)	
대표 주관회사 선정 및 상장 준비	**상장예비심사 청구·승인**	**증권신고서 제출 및 효력 발생**	**IR 및 수요예측 (공모가 확정)**	**청약 및 배정**	**상장신청 및 거래개시**

- IPO 업무 처리를 담당할 대표 주관회사 선정
- 기업실사를 통한 사전준비사항 점검 및 준비
- 상장청구계획서 제출(금감원 감리 동의)
- 상장예비심사청구서 작성

- 한국거래소 상장예비심사
  - 4~5회 자료 요구
  - 현지 실사
  - 대표이사 면담 등
- 기술성장기업 트랙 시 청구 전 기술성 평가 선결
- 대표 주관회사가 심사 대응 managing

- 예비심사 승인 후 공모를 위한 증권신고서 제출
- 예비투자설명서 제출

- 투자설명서 공시
- 투자자설명회(IR) 개최
- 전문 투자자 대상 수요예측(Book-Building)
- 최종 공모가 결정

- 대표 주관사 전국 지점망 통한 청약
- 배정 및 납입
- 증자 등기

- 상장신청서 작성 및 거래소 제출
- 동시호가에 의한 시초가 산정 및 매매 개시

* 자료: NH투자증권

대표 주관회사 선정 및 상장 준비는 최소 2개월 전부터 해야 한다. 보통은 1년 전부터 준비를 하는 것이 좋다.

신규상장 요건을 갖춘 기업은 상장신청을 할 수 있다. 그러나 재무제표 및 이에 대한 감사인의 감사보고서 등에서 회계처리 기준을 위반한 사실이 확인되어 증권선물위원회의 조치를 받고 한국거래소로부터 상장예비심사 청구의 기각 결정, 상장예비심사 결과의 효력 불인정 결정을 받은 경우 등은 일정 기간 상장 신청인의 자격을 제한받는다.

상장예비심사는 한국거래소에서 진행한다. 4~5회 정도 자료를 요구하며 현지 실사와 대표이사 면담을 한다. 대표 주관회사는 한국거래소의 의견에 대해 IPO 준비 회사와 같이 대응을 한다. 상장예비심사 기간은 트랙별로 다르지만 상장예비심사 청구서 제출 이후 승인까지 약 2개월이 소요된다.

상장예비심사 결과가 승인되면 증권신고서를 제출하고 영업일 기준 15일 경과 후에 효력이 발생한다. 예비심사 승인을 받으면 공모를 위한 증권신고서와 예비투자설명서를 제출한다.

효력이 발생하면 공모가 확정을 위한 IR 및 수요예측을 진행한다. 투자설명서에 공시하며 투자자 설명회(IR)를 진행한다. 전문투자자를 대상으로 수요예측을 진행해 최종 공모가가 정해진다. 최종 공모가가 정해지면 대표 주관사 전국 지점망을 통해서 청약이 이루어지며 배정 및 납입이 진행된다. 이후 증자 등기를 진행한다. 청약 및 배정이 마무리되면 상장신청서를 작성해서 한국거래소에 제출한다. 이후 동시호가에 의한 시초가 산정 및 매매개시가 진행된다.

상장예비심사 승인 이후, 공모를 통한 상장일까지 2~3개월의 시간이 추가로 소요된다. 상장심사 승인 후 6개월 내에 상장신청을 해야 하고, 공모 진행에 약 5주가 소요된다. 따라서 심사 승인 후 시장 상황을 감안해 공모 타이밍을 결정할 수 있는 여유 시간은 약 4개월이다.

기술평가특례 상장 프로세스 및 내용
—

기술평가특례 기업 상장은 전문평가기관의 평가결과가 일정 등급 이상일 경우에 가능하다. 두 곳의 전문평가기관에서 기술평가 결과가

2~3주 소요   1~2주 이내   4주 이내   6주 이내

기술평가 사전준비 (자료작성 등)   기술평가기관 지정 신청 (거래소에 신청)   기술평가기관 배정 완료   기술성 평가 신청 (전문평가기관 두 곳에 신청)   기술평가 결과 통보 (전문평가기관)

＊자료: 미래에셋증권

A등급 이상, BBB등급 이상이어야 한다. 기술평가 적격등급 결과 통보 후, 6개월 내로 상장예비심사 청구를 해야 한다.

이후 거래소는 청구일로부터 45일[영업일 기준, 신속 이전기업(패스트 트랙) 30일, 외국기업 1차 상장은 65일] 이내에 상장예비심사 승인 여부 결과를 금융위원회, 청구 회사 및 상장주선인에게 통지해야 한다. 심사 승인 이후 증권신고서 제출, IR 및 마케팅, 수요예측 절차를 거쳐 상장한다.

기술성장기업이란 벤처기업 인증을 받은 기업으로, 전문평가기관으로부터 일정 수준 이상의 기술평가 등급을 받아 기술력과 성장성이 인정되는 기업을 말한다. 최근의 심사 동향은 기술평가등급이 일정 등급 이상으로 나온 경우에도 전문가 회의가 중요하다. 기술평가에서는 기술적인 완성도와 함께 시장성과 사업성을 중점적으로 심사하고, 모든 업종의 중소기업이 그 대상이다.

전문평가기관 중 두 곳의 기술평가 결과가 A등급과 BBB등급 이상을 획득해야 한다. 전문평가기관은 268페이지 상단 도표와 같다.

전문가 회의는 전문가 집단 19개 분야 180여 명 중에서 해당 산업

전문평가기관

TCB(기술신용평가기관)	기술보증기금, 나이스평가정보, 한국기업데이터, 이크레더블, 나이스디앤비, SCI평가정보 등 6개 사
정부산하 연구기관	한국과학기술연구원, 한국과학기술정보연구원, 한국보건산업진흥원, 한국산업기술평가관리원, 한국전자통신연구원, 정보통신기술진흥센터, 한국생명공학연구원 등 7개 사

의 전문가로 구성해 진행된다. 통상적으로 5인으로 개최된다. 상장예비심사 과정에서 기업의 기술성 등에 대한 자문을 구하기 위해 각 산업분야별 전문가로 구성된다. 청구 법인들의 업종이 다양하고 기술평가특례 상장 대상 업종 확대를 고려해 산업분야별로 전문가 집단을 구성해 운영한다.

전문가 집단 자문회의 실무 프로세스는 다음과 같다.

전문가 집단 자문회의 실무 프로세스

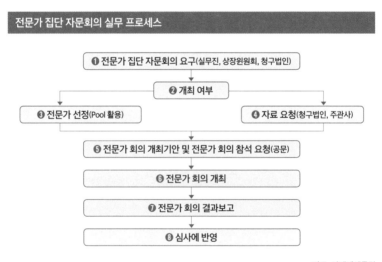

❶ 전문가 집단 자문회의 요구(실무진, 상장원원회, 청구법인)

❷ 개최 여부

❸ 전문가 선정(Pool 활용)

❹ 자료 요청(청구법인, 주관사)

❺ 전문가 회의 개최기안 및 전문가 회의 참석 요청(공문)

❻ 전문가 회의 개최

❼ 전문가 회의 결과보고

❽ 심사에 반영

* 자료: 미래에셋증권

기술성 평가는 기술의 완성도, 시장성, 사업성을 중점적으로 심사한다. 주요 항목은 다음과 같다.

기술성 평가의 주요 항목

구분	평가항목	주요 평가사항
기술성	기술의 완성도	• 기술의 완성도, 자립도, 확장성 • 모방 난이도
	기술의 경쟁우위도	• 주력 기술의 차별성, 수명 • 기술개발 및 수상실적, 지식재산권 현황 등
	기술인력의 수준	• 기술경영 경험 수준, 지식 수준, 관리능력 • 경영진의 전문성, 사업몰입도 등
	기술제품의 상용화 경쟁력	• 기술제품의 생산역량/판매처의 다양성, 안정성 • 부가가치 창출 능력, 자본조달 능력
시장성	기술제품의 시장규모 및 성장잠재력	• 주력 기술제품의 시장규모/시장성 • 주력 기술제품의 시장구조 및 특성
	기술제품의 경쟁력	• 기술제품의 시장지위 • 경쟁제품 대비 비교우위성

* 자료: NH투자증권

IPO 이슈 점검

사전 준비사항

—

상장을 준비하는 기업은 상장예비심사 청구 전에 주관회사와 사전 준비사항을 점검한다. IPO를 위한 사전 준비사항은 271페이지 도표와 같다.

기업은 IPO를 준비하면서 경영의 안정성, 이사회 구성 및 운영, 이해관계자 거래, 회계 이슈, 정관 및 사규정비, 상장교육 이수, 공시조직 설치, 명의개서 대리인 선정, 관계회사, 주식연계증권 등 관련 내용을 점검한다. 기업의 상장에 필요한 요점을 알아두면 투자하는 데 도움이 될 것이다.

IPO 사전 준비사항

구분		주요 내용	목적 및 대응방안	근거	적용 시기
경영의 안정성		안정적인 최대주주 지분율 확보, 복층 지배 구조의 해소	• 최대주주 지분율이 33.34~66.66% 가 되도록 공모구조 협의 • 상장예비심사 승인일로부터 3일내 보호예수 실시	• 코스닥시장 상장규정	상장예비심사 승인일부터 영업일 3일 내
이사회 구성 및 운영		사외이사 및 감사 선임, 독립적인 경영 관리 체제 구축	• 상법상 적격한 사외이사 및 감사의 구성 필요 • 임원 겸직의 해소	• 상법 • 코스닥시장 상장규정	상장예비심사 청구 전
이해관계자 거래		부의 이전 이슈를 사전에 해소	• 이해관계자 거래에 관한 통제규정 제정 및 운영 • 이해관계자 거래에 대한 동기의 타당성, 절차의 완전성, 조건의 적정성에 대한 근거를 마련	• 상법 • 코스닥시장 상장심사 가이드	상장예비심사 청구 전
회계 관련	지정 감사	지정감사인 지정신청 및 회계감사 수감	• 지정감사 수감	• 주식회사 외부감사에 관한 법률	상장예비심사 청구 전
	K-IFRS/ 내부회계 관리제도	최근 사업연도 K-IFRS 및 내부회계관리 제도 도입	• 빠른시일 내에 K-IFRS 도입으로 효과 분석 필요 • 감사보고서에 내부회계관리제도에 대한 검토의견	• 주식회사 외부감사에 관한 법률	상장예비심사 청구 전
정관 및 사규정비		상장기업 요건에 부합하도록 정관 및 사규 정비	• 상장기업으로서 관련 법규에 부합하도록 상장예비심사 청구 전 제·개정 및 운영 • 주식 양도의 제한이 없도록 변경 필요	• 코스닥시장 상장규정 • 상법 등 관련 법규	상장예비심사 청구 전 주관회사 협의
상장교육 이수 (코스닥시장)		코스닥시장 상장지원센터 주관 상장교육 이수 필수	• 코스닥시장 상장예비심사 청구 전 실무자, 경영자 교육이수 후 교육수료증을 필수 첨부서류로 제출	• 코스닥시장 상장규정	상장예비심사 청구 전
공시조직 설치		상장 후 충실한 공시 위한 조직 및 규정 구축	• 공시의무사항에 대한 신고를 위해 1인 이상의 공시책임자와 공시대리인을 각각 지정해야 함	• 코스닥시장 상장규정	상장예비심사 청구 전
명의개서 대리인 선임		주식사무를 대행할 명의개서 대리인 선임	• 통일규격 유가증권 발행 • 보호예수를 위한 예탁 등을 위해 선임	• 코스닥시장 상장규정	상장예비심사 청구 전
관계회사 등		내부 거래시 거래가액 적정성 확보 및 이외 위험요소 검토	• 적절한 거래가액을 통한 계열사의 경영 효율화 • 부당행위 부인에 따른 세무상 이슈 최소화 • 관계 회사를 특수관계인이 공동 보유할 경우 부의 이전 이슈 존재	• 법인세법, 상법 등	상장예비심사 청구 전
주식연계 증권		K-IFRS 도입에 대한 영향	• 주주 간 계약서 등을 통한 조건 확인 필요 • 부채계상에 대해서는 회계감사 인과 논의 필요	• K-IFRS	상장예비심사 청구 전

적정 상장시점

—

기업실적은 업황에 후행적인 성격을 보이고, 업황이 활황일 때 기업실적이 확대된다. 업황이 변곡점을 지나 침체기에 들어서면 기업실적은 최고점을 보인 후 하락하기 시작한다.

최적의 상장시점은 기업실적의 턴어라운드 시점에서부터 업황이 최고점에 이르는 시기까지다. 업황이 최고점을 지나 하락세로 돌아서는 경우에 기업실적은 최고점에 도달할 수 있다. 그러나 실적 하락과 함께 주가도 하락할 가능성이 크다.

실적이 최고점에 도달하기 이전에 일정 수준의 이익 실현 및 향후 실적에 대한 시장의 기대감이 극대화되는 시점에 상장하는 것이 안정

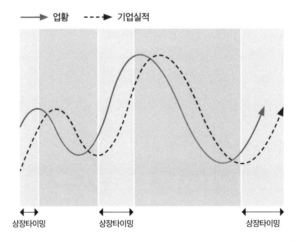

업황 및 기업실적에 따른 상장타이밍

—▶ 업황 ---▶ 기업실적

상장타이밍 상장타이밍 상장타이밍

*자료: 대신증권

적이다.

경제, 주식시장, 발행시장, 회사 현황, 산업 여건 등을 종합적으로 고려해서 IPO 시점을 결정해야 한다.

IPO 케이스 스터디

다음은 IPO에서 발생했던 주요 사례다. 사업성, 경영성, 내부통제와 관련한 내용이다.

사업성 관련

● l사 주요 심사 이슈

Case 1 ▶ 다수의 경쟁기업 이슈

이 기업은 '스마트러닝' 서비스를 국내외에서 제공한다. 메가스터디, 청담러닝 등 다수의 경쟁 기업이 있다.

〈이슈 대응 및 준비사항〉

• 경쟁기업 대비 높은 재가입율과 중도해지율 등으로 동사의 경쟁 우위를 설명

• 지속적인 콘텐츠 반영 및 다양화. 우수 개발인력, 기술력 안정성 기반으로 데이터의 양적·질적 수준 확대

● E사 주요 심사 이슈

Case 2 매출처 편중 이슈

이 기업은 SK하이닉스에 반도체 장비를 납품할 예정이던 기업이다. SK하이닉스 외 매출처는 일시적으로 발생한 소규모 매출이다.

〈이슈 대응 및 준비사항〉

• 제품의 신뢰성 및 안정성 강조

• 레퍼런스 확보 후 기술력 바탕으로 해외 시장 확대. 중국 반도체 기업을 포함한 글로벌 반도체 제조사 타깃

● E사 주요 심사 이슈

Case 3 낮은 업종평균 순이익률

이 기업은 의류, 액세서리 사업을 영위하고 있다. 언더웨어를 제조·판매하며 업종평균 순이익률은 약 1.3%로 매우 낮다.

〈이슈 대응 및 준비사항〉

- 업종 평균 대비 높은 영업이익률 강조
- 최근 매출 상승 추세와 매출 우량도를 소명. 다양한 판매 채널(홈쇼 핑, 인터넷몰) 등 판매처 확대. 최근 3년간 매출 총이익률이 60% 수준 을 유지하고 있어서 양호하다고 주장

● **B사 주요 심사 이슈**

`Case 4` 단순 유통회사로 차별성 및 모방 난이도 부족

이 기업은 이탈리아 식자재 유통업체다. 다른 유통회사에 비해 차 별성과 모방 난이도가 부족하다.

〈이슈 대응 및 준비사항〉

- 20년 이상 이어온 고객과의 신뢰 관계를 강조
- 초기 투자로 인한 진입장벽 보유. 대규모 창고 시설과 물류 인프라의 필요성 강조. 안전재고 필요성으로 인한 영세업체 진입의 어려움을 강조

경영성 관련

—

● **K사 주요 심사 이슈(경영의 안정성)**

`Case 1` 최대주주 등의 지분율이 낮은 경우

이 기업은 수년간 벤처금융 등의 증자 참여로 인해 최대주주 등 지분율이 20% 미만일 것으로 예상된다. 거래소 심사 가이드라인은 공모 이후 최대주주 등의 지분율 20% 이상을 권고한다(20% 미만인 경우, 경영권을 안정적으로 유지하기 위한 대응 방안을 요구함).

〈이슈 대응 및 준비사항〉

- 일반적인 경영권 안정화 방안은 우호지분을 확보해 '공동목적보유확약'을 체결
- 공동목적보유확약 주요 내용은 주주총회에서 의결권 공동행사, 지분 매각시 우선 매수권 부여 등이다. 인감증명서 제출 필요 등 계약
- 대표 주관회사 PI투자 지분과 SI투자자 지분에 대해 공동목적보유계약을 체결한 후 공모 이후 최대주주 등의 지분율을 20% 이상으로 확보가 가능하다는 것을 소명

● **A사 주요심사 이슈(사회적 사항)**

Case 2 사회적 이슈로 인한 손해배상 책임 발생 및 부정적인 국민 정서 확대 가능성

이 기업을 비롯한 다른 기업들이 판매한 가습기 살균제 때문에 인명사고가 발생했다. 이 사회적 이슈는 약 7년간 지속되었다. 청구회사는 식약처를 통해 제품에서 유해물질이 발견되지 않았음을 증명했으나 국민 정서와 여론 분위기 때문에 공정거래위원회에서 재조사를 추진했다. 거래소 심사 기간 중에 공정거래위원회의 부당광고 표시위

반 관련 재조사 결과 및 제재 발표가 예상된다. 공정거래위원회의 부정적인 의견이 확정되면 거래소 심사 미승인에 대한 리스크가 존재할 것이다.

〈이슈 대응 및 준비사항〉

- 향후 발생 가능한 제재 결과 및 회사에 미치는 영향에 대한 시뮬레이션 진행
- 회사 내부 법무팀, 재무팀, 기획팀 등 관련 부서와 외부 법무법인을 TF로 구성해 가습기 살균제 제조사에 따른 공정거래위원회의 제재 가능성 및 예상 비용 규모 등 시나리오를 검토
- 거래소 심사팀에 예상되는 제재 및 과징금 등 분석된 모든 가능성을 사전에 제시
- 해당 근거를 바탕으로 회사에 미치는 영향이 매우 제한적임을 설득 및 소명

● **B사 주요심사 이슈(특수관계인 거래)**

Case 3 기업의 유동성 부족으로 대표이사를 통해 가지급과 가수금이 빈번하게 발생하는 경우

이 기업은 자금의 흐름이 원활하지 못해서 대표이사의 개인 자금을 회사의 운영자금으로 활용했고, 다시 가지급금으로 찾아서 쓰는 등 회계를 불분명하게 처리했다. 회계 시스템 운영 미숙으로 가계정 사용 후 결산시 원래 사용 목적대로 계정 재분류해 상계 처리했다.

〈이슈 대응 및 준비사항〉

- 감시기간 적용. 청구 전 가지급금 및 가수금 전부 소멸 후 가계정 사용하지 않을 것을 권고하며 감시기간을 6개월 확보하여 상장예비심사 청구
- 가지급금 및 가수금에 대한 상세 사용목적 기술 후 사용이유에 대한 소명
- 내부통제 강화를 위해 이해관계자거래 규정 제정 및 내부거래위원회 설치. 회계 시스템의 원활한 운영을 위해 전문 회계 인력 충원

● **L사 주요심사 이슈(특수관계인 거래)**

Case 4 특수관계자가 운영하는 회사와의 거래가 빈번하게 발생함에 따른 내부통제 절차 미비와 거래의 적정성 여부

이 기업은 특수관계인이 운영하는 물류 업체를 통해 제품을 유통했다. 연간 약 100억 원 수준(매출 총액의 3%)의 거래가 수년간 발생했다. 거래명세 감사보고서 주석의 누락, 이사회 등의 내부통제가 미흡하다.

〈이슈 대응 및 준비사항〉

- 해당 물류회사 관련 임원 사임
- 거래조건의 적정성 소명. 내부통제 시스템 강화를 통한 재발 방지
- 유통업체들과의 거래가격 비교를 통해 거래조건의 불리함, 이익 전가 가능성이 없음을 소명

- 사외이사 3인을 선임하여 이사회 독립성 강화 및 감사위원회 설치 등 견제 기능 강화
- 내부거래위원회를 설치해 이해관계자 거래 규정보다 강화된 내부통제시스템 마련
- 내부통제시스템 개선을 위한 회계법인 감사 진행

내부통제 관련

—

● **A사 내부통제 관련 사례**

구분	내용
상장시기/업종	• 2017년 상장. 반도체 공정 부품 관련 업종
주요 이슈	• 해외 생산법인에 대한 통제력 확인 불가(재고자산/자금/판관비 등) • 해외 생산법인의 매출액 기여도(약 50% 이상) 매우 높음
사전협의 내용	• 해외 생산법인의 규모 및 기여도가 중요함에 따라 해외 생산법인에 대한 심사 가능성 확인
해결방안 제시	• IPO TFT의 현지법인 내부통제 관련 정밀 심사 수행 및 컨설팅 진행 • 본사 통제력 강화/재고자산/자금 등 내부통제 전반 프로세스 구축
심사결과	• 내부통제 관련 이슈 제기 없이 2개월 내 원안 승인

구분	내용
인원	담 부서 IPO 인력 4인 - 회계사 2인/현지인 1인 포함
기간	약 7일(중국+싱가폴+미국법인)
중점사항	재고자산/전결규정/자금관리 전반 내부통제 컨설팅 실시

● B사 내부통제 관련 사례

구분	내용
상장시기/업종	• 2017년 상장. 알루미늄 다이캐스팅 및 휴대폰 외장케이스
주요 이슈	• 최대주주 등이 보유한 별도법인을 통한 빈번한 거래 • 특수관계인이 보유한 최대주주 대여금, 가지급 등 자금거래 존재 • 건물, 기계장치 임대료 거래가격의 적정성 제시 미흡
사전협의 내용	• 동 거래에 대한 정리방안, 해소방안 요구
해결방안 제시	• 최대주주 보유 구주 일부 매각으로 대여금/가지급금 해소 재원 마련 • 이후 영업양수도, 청산 등 이슈 해결방안 제시→관계회사 청산
심사결과	• 내부통제 관련 이슈 제기 없이 2개월 내 원안 승인

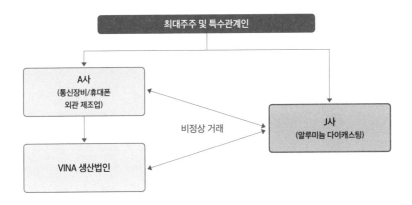

POST IPO 이후 주가관리 사례
(의무보유확약 해제일에 따른 대응)

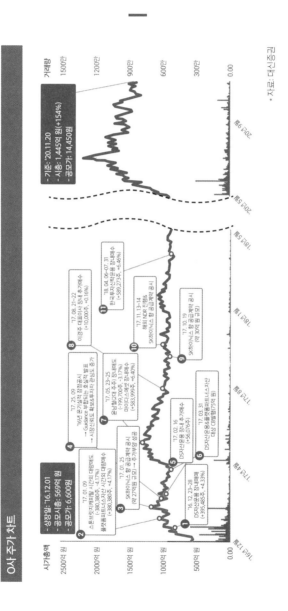

O사 주가 차트

시가총액

- 상장일 : '16.12.01
- 공모시총 : 569억 원
- 공모가 : 6,600원

- 기준 : '20.11.20
- 시총 : 1,445억 원 (+154%)
- 공모가 : 14,450원

거래량

* 자료 : 대신증권

● O사 주가관리 사례

- 기존 투자자 스톤브릿지캐피탈 락업(Lock-up) 해제(상장 후 1개월)에 따른 대규모 매도물량 출회 예정

- 사전 기관투자자 태핑(Tapping)&집중 IR 진행

- 대량 매도 출회 전 장내 기관수급 유입&락업 해제 당일 시간외 블록 딜을 통하여 시장충격 최소화&주가하락 방어에 성공

- 호재성 재료 노출을 통해 기관투자자 역시 수익실현의 기회 제공

절대수익 전략 공모주 투자 사용설명서

초판 1쇄 발행 2022년 5월 26일

지은이 | 이재준
펴낸곳 | 원앤원북스
펴낸이 | 오운영
경영총괄 | 박종명
편집 | 최윤정 김형욱 이광민 양희준
디자인 | 윤지예 이영재
마케팅 | 문준영 이지은 박미애
등록번호 | 제2018-000146호(2018년 1월 23일)
주소 | 04091 서울시 마포구 토정로 222 한국출판콘텐츠센터 319호(신수동)
전화 | (02)719-7735   팩스 | (02)719-7736
이메일 | onobooks2018@naver.com   블로그 | blog.naver.com/onobooks2018
값 | 18,000원
ISBN 979-11-7043-308-8 03320